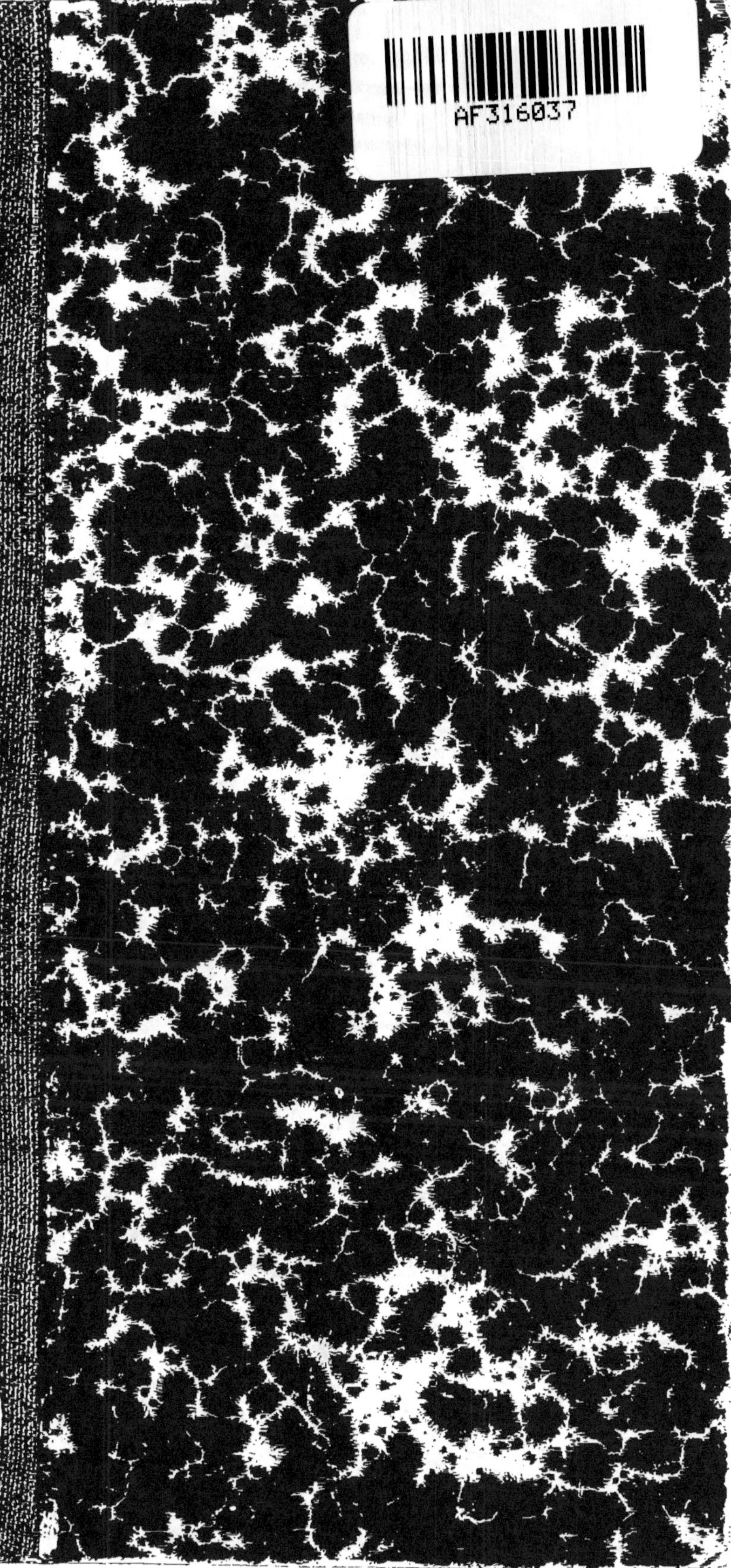

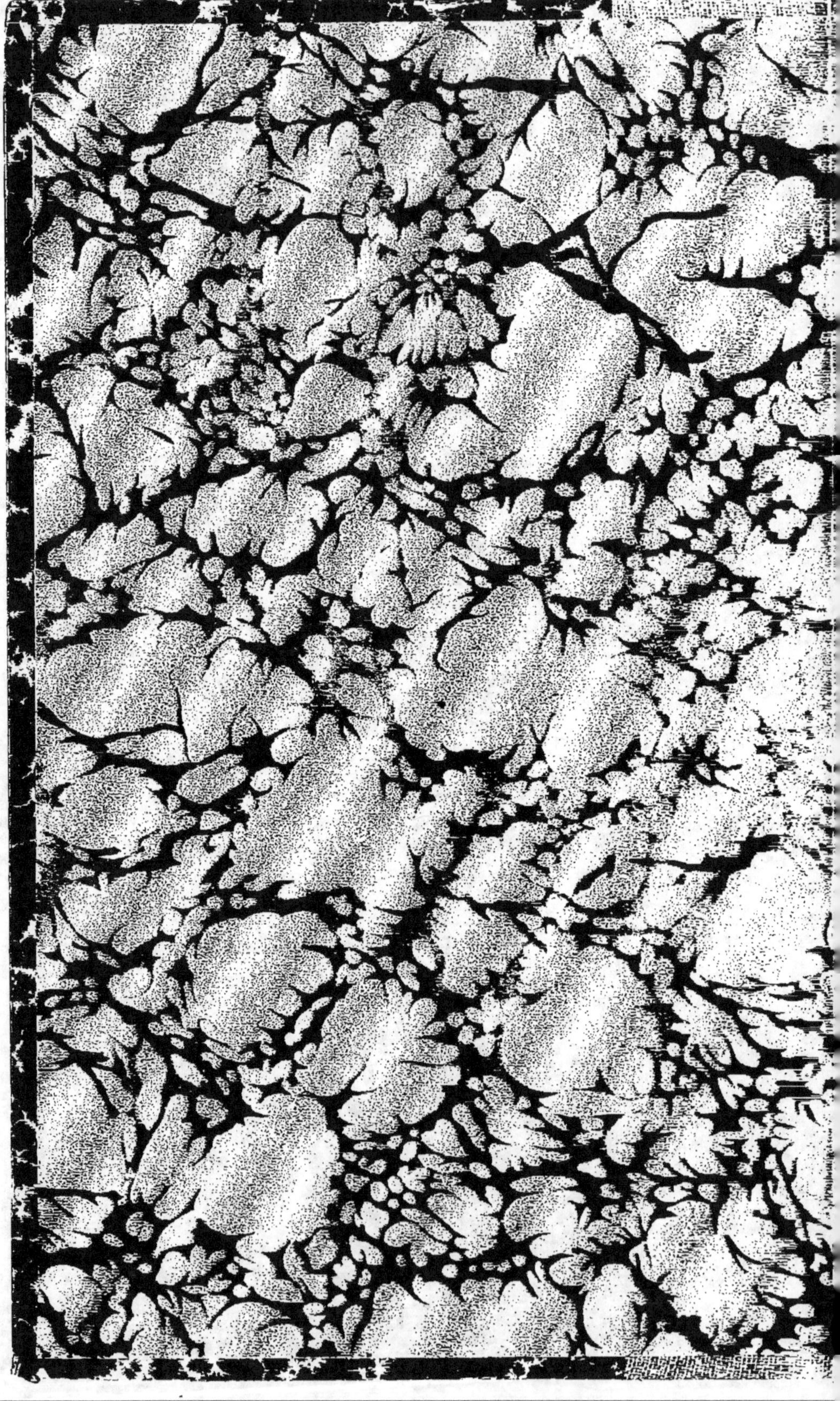

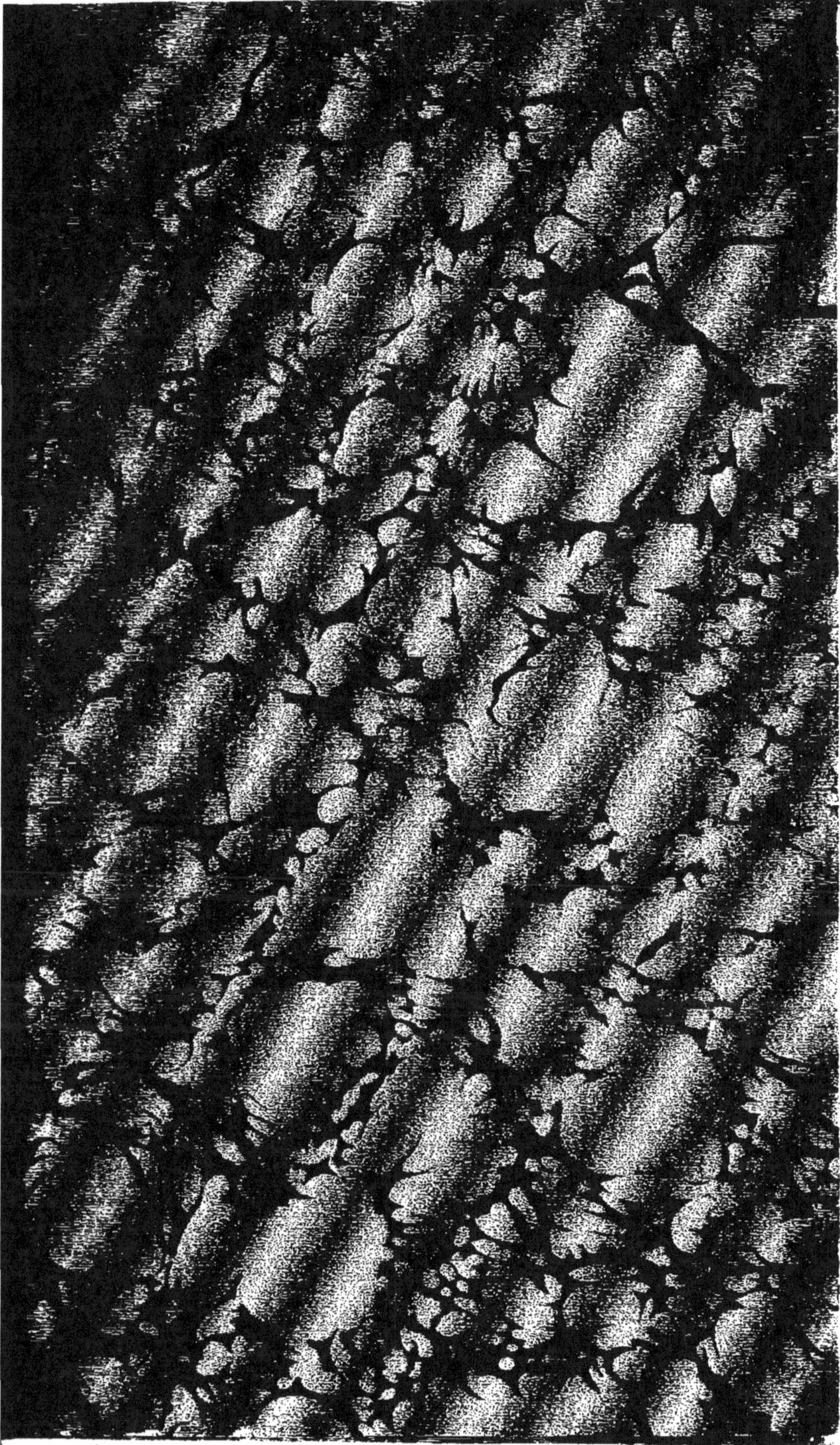

PUBLICATION DU JOURNAL DE LA LIBRAIRIE MILITAIRE

RELATION

DE LA

BATAILLE D'AUSTERLITZ

GAGNÉE LE 2 DÉCEMBRE 1805,

PAR NAPOLÉON

CONTRE LES RUSSES ET LES AUTRICHIENS

Sous les ordres de leurs Souverains

PARIS

LIBRAIRIE MILITAIRE DE J. DUMAINE

LIBRAIRE-ÉDITEUR

Rue et Passage Dauphine, 30

—

1879

RELATION

DE LA

BATAILLE D'AUSTERLITZ

PARIS. — IMPRIMERIE DE J. DUMAINE, RUE CHRISTINE, 2.

RELATION

DE LA

BATAILLE D'AUSTERLITZ

GAGNÉE LE 2 DÉCEMBRE 1805

PAR NAPOLÉON

CONTRE LES RUSSES ET LES AUTRICHIENS

Sous les ordres de leurs Souverains

PARIS

LIBRAIRIE MILITAIRE DE J. DUMAINE

LIBRAIRE–ÉDITEUR

Rue et Passage Dauphine, 30

———

1879

AVANT-PROPOS

L'Empereur, dans les courts instants de répit que lui laissaient la politique et le commandement des armées, avait prescrit la rédaction des relations des batailles célèbres de ses campagnes d'Italie et d'Allemagne, pour servir de pendant et d'égal à l'œuvre de Berthier sur l'Égypte et Marengo. C'était aussi bien pour élever un monument à la gloire de la France qu'à la sienne propre.

Les premières relations entreprises furent celles des batailles de Saint-Georges, Arcole et Austerlitz, qui devaient être réunies en un volume in-4° à grandes marges. Des hommes de valeur en furent les rédacteurs.

Celle qui nous occupe, Austerlitz, fut rédigée au Dépôt de la Guerre, en 1809, par Tranchant de La Verne. Le manuscrit en a été revu et corrigé par le comte Bertrand, suivant ordre de l'Empereur au général Deponthon.

Les anachronismes qui fourmillent dans cette relation ne laisseront pas d'étonner le lecteur; le plus curieux est qu'ils y figurent par la volonté de Napoléon : « Renvoyé au Prince de Neufchâtel. Il faudra donner à Bessières le titre de duc d'Istrie, lui ôter le titre de capitaine et y substituer celui de commandant des guides, et donner les titres de comte et de baron aux officiers qui le sont... » Cet ordre, qui est du 4 février 1810 (1), c'est-à-dire au moment de l'impression, concerne spécialement la relation de la bataille de Saint-Georges, mais fut par suite appliqué à celles d'Arcole et d'Austerlitz. Un courtisan, aussi outré que maladroit, ne voulait-il pas substituer au titre de « Prince de Ponte-Corvo » celui de « Prince royal de Suède ? »

Livrée à l'Imprimerie impériale le 27 mars 1810, avec recommandation, sur l'ordre de l'Empereur, d'en presser la composition et le tirage, l'œuvre de Tranchant de La Verne ne put être menée jusqu'aux bonnes feuilles. Le titre de l'épreuve est millésimé 1810 : tout porte à croire qu'elle fut livrée à la révision en cette année. Quoique la paix régnât alors dans l'Europe depuis si longtemps troublée, on ne put s'occuper de la correction de l'épreuve, pour une cause ou une autre, si bien que les préparatifs de l'héroïque et désastreuse campagne de Russie absorbant toute l'activité des Bureaux de la Guerre, et détournant l'attention de l'Empereur, leur firent abandonner cette œuvre intéressante, mais qui

---

(1) Voir le fac-simile ci-contre.

Renvoyé au Prince de Neufchatel.

Il faudra donner à Bessiere le titre de Duc d'Istrie, lui ôter le titre de capitaine et y substituer celui de Commandant des Guides ; et donner les titres de Comte et Baron aux officiers qui le sont. Du reste cette relation me paroit bien me la remettre avec

Paris ce 4 fevrier 1810

pouvait attendre. On travaillait encore à la correction des épreuves dans le courant de l'année 1812.

Les revers qui suivirent Mohilow, Krasnoë, Smolensk, La Moskowa, ces brillants faits d'armes qui avaient inauguré cette gigantesque entreprise, la nécessité de reconstituer à la hâte la Grande Armée, ensevelie presque entière sous les neiges, pour faire face à l'Europe sinon complétement soulevée contre le Nom français, du moins bouillonnant déjà, les désastres de 1813, l'admirable campagne de 1814, les tracas de la politique intérieure et extérieure, contraignirent l'Empereur à s'occuper d'abord du salut de la France compromis et à laisser de côté les monuments de sa gloire personnelle. En 1815, il n'eut pas davantage le temps d'y songer.

Nous avons pensé qu'une œuvre aussi capitale ne devait pas rester plus longtemps dans l'ombre, et le hasard veut qu'elle paraisse à peu près le jour anniversaire de la bataille.

Le traité d'Amiens avait rendu la paix à l'Europe, lassée et épuisée de ses luttes incessantes contre la France, cette hydre moderne, toujours renaissante et toujours plus forte. Le Premier Consul s'était aussitôt mis à l'œuvre pour pacifier l'intérieur de la République où régnaient encore les luttes de partis. Amnistie pour les émigrés, pacification de la Vendée, Concordat proclamé, organisation des cultes,

rédaction du Code de procédure civile, loi sur l'in-
struction publique, furent ses premiers actes. La
fondation de l'ordre de la Légion d'honneur, qui
venait récompenser les services acquis et exciter
l'émulation générale, fut le digne couronnement de
l'œuvre.

Dans ce court espace de temps qui sépare le traité
du 25 mars 1802 de la reprise des hostilités par
l'Angleterre, cette terrible ennemie qui ne cesse de
nous combattre que lorsqu'elle a besoin de nous,
les événements se suivent avec une rapidité vertigi-
neuse. A l'intérieur : Bonaparte proclamé Consul à
vie, Médiateur de la Confédération suisse, Empereur
des Français, couronné et sacré par le Pape, Roi
d'Italie, la conspiration de Moreau, Georges et
Pichegru, la triste affaire du duc d'Enghien. A
l'extérieur : la mauvaise foi de l'Angleterre qui,
sans déclaration préalable, fait saisir les bâtiments
français et hollandais, entraîne la rupture des relations diplomatiques et la guerre est déclarée le
22 mai 1803. Mortier envahit le Hanovre, dont
l'armée capitule le 4 juillet. Les Anglais attaquent
par deux fois la flottille de Boulogne et sont re-
poussés (13-14 avril et 20 octobre 1804).

Pendant ce temps, la diplomatie agissait. Un
traité de subsides est conclu à Stockolm, le 3 décembre 1804, entre l'Angleterre et la Suède. Enfin,
le 8 avril 1805, la troisième Coalition contre la

France est signée à Saint-Pétersbourg entre la Russie et l'Angleterre, auxquelles l'Autriche vient se joindre le 9 août. L'Empereur lève le Camp de Boulogne le 27 et marche sur le Rhin.

Laissons maintenant la parole à Tranchant de La Verne.

Décembre 1878.

BATAILLE D'AUSTERLITZ

PREMIÈRE PARTIE.

**Mouvemens depuis le départ de Munich jusqu'à l'entrée
à Vienne.**

Au moment où l'Empereur levait le camp de
Boulogne, il avait promis au Roi de Bavière d'être
dans ses États vers les premiers jours d'octobre.
Le 6, il arrive à Nordlingen, culbute la gauche
du général *Kienmayer*, qui défendait la rive droite
du Danube et du Lech, passe le fleuve à Donau-
werth, le Lech à Rhain, et entre le 7 à Augsbourg.

Toutes les positions sur l'Iser se trouvaient
alors tournées par la réserve de cavalerie du Roi
de Naples et par les corps des ducs *de Dalmatie*
et *de Montebello*.

Si, quelques jours après, les princes *a'Eckmühl*
et *de Ponte-Corvo*, et le duc *de Raguse*, passèrent
dans la principauté d'Anspach pour se rendre en
Bavière, ce n'était pas que ce passage par Anspach
fût nécessaire aux projets de l'Empereur ; on
suivait en cela l'usage constant des deux dernières
guerres ; et si la Prusse avait fait signifier, avant
que les ordres eussent été donnés pour la marche

des troupes, qu'elle ne voulait pas qu'on traversât ce pays, l'armée française n'y eût point passé.

Il y avait à peine un mois que l'armée avait effectué le passage du Rhin, et déjà elle était sur l'Inn. La Bavière toute entière était rendue à son souverain ; l'armée autrichienne était détruite ; soixante mille prisonniers, le général en chef avec vingt-huit généraux, quatre mille chevaux, deux cents pièces de canon, quatre-vingt-dix drapeaux et une immense quantité de bagages, étaient les fruits d'une campagne de quinze jours (1). De cette armée formidable, dont le projet était d'entrer en Suisse, et dont quelques partis s'étaient déja portés sur le Rhin, il n'existait plus que le souvenir.

L'Empereur entra à Munich le 24 octobre, à six heures du soir. Il logea au palais ; la ville était partout illuminée. Le lendemain, il donna un concert aux dames de la cour. On supposait qu'il resterait plusieurs jours dans cette capitale ; mais, le 28, il partit et arriva à onze heures du soir à Haag.

---

(1) La Grande Armée avait passé le Rhin le 25 septembre. Murat rencontre les Autrichiens et les défait à Wertingen le 8 octobre ; Soult s'empare d'Augsbourg le lendemain ; Ney bat l'archiduc Ferdinand à Gunzbourg le 10 et passe le Danube ; le 13, Soult fait six mille prisonniers à Memmingen ; Ney taille en pièces seize mille Autrichiens et se couvre de gloire à Elchingen (14 octobre). Bernadotte occupe Munich ; les Autrichiens sont encore battus par Murat à Albeck, Langenau et Neresheim. Enfin, le général Mack capitule avec trente mille hommes et livre Ulm à l'Empereur, qui, pour récompenser la Grande Armée de ses exploits, décréta, le 21 octobre, que ces quinze jours de succès consécutifs compteraient pour une campagne, sous le titre de *Vendémiaire an* XIV.

Le temps était devenu mauvais ; il pleuvait :
tous les corps d'armée étaient au bivouac depuis
plusieurs heures. L'immense quantité de feux
allumés dans ces bivouacs, pour combattre l'influence de la mauvaise saison, offrait un des
spectacles les plus remarquables de la guerre.

Le général *Kienmayer* avait fait de vains efforts
pour défendre le passage du Danube vers Donau-
werth et celui du Lech à Rhain ; il s'était retiré à
Braunau, où il avait été joint par le général
Merfeld, et tout ce que la Bohême, l'Autriche et
la Hongrie avaient pu offrir. Les bataillons qui se
trouvaient encore en Styrie et en Carinthie, étaient
venus rejoindre leur armée.

Le général *Kienmayer* ne tarda pas encore à
être joint par le général russe *Kutusof*, à la tête
d'une armée évaluée à quarante mille hommes.
Ainsi renforcée, l'armée autrichienne avait passé
l'Inn, et méditait de prendre l'offensive. L'avant-
garde du général *Kienmayer* était déjà arrivée à
Haag, à douze lieues de Munich, lorsqu'elle apprit
que l'EMPEREUR était parti de cette dernière ville,
et que toute l'armée française se dirigeait sur
l'Inn. A cette nouvelle, l'ennemi renonça à toute
résolution d'attaque, et repassa l'Inn à la hâte.

Cependant le prince *de Ponte-Corvo*, formant
la droite de l'armée, part de Munich le 26 octobre,
se porte sur l'Inn à Wasserbourg, ainsi que le
duc *de Raguse* ; le prince *d'Eckmühl* se dirige sur
Mühldorf, et le duc *de Montebello* sur Braunau.

Le duc *de Dalmatie* et le quartier général suivent le prince *d'Eckmühl*.

L'ennemi fit de vaines tentatives pour empêcher le passage de l'Inn. Ne sachant quel était le point d'attaque, le gros des forces autrichiennes se porta d'abord sur Salzbourg, et l'armée russe sur Braunau.

Le 28 octobre, le prince *de Ponte-Corvo* se présente devant Wasserbourg, passe l'Inn, rétablit le pont, et se dirige sur Salzbourg.

Une vive canonnade contraint l'ennemi qui défendait le pont de Mühldorf, à l'abandonner. Le prince *d'Eckmühl*, après avoir passé ce pont le 28, marche sur Burghausen.

Une heure avant le jour, l'EMPEREUR part de Haag, et arrive à Mühldorf; il monte sur-le-champ à cheval, pour reconnaître, suivant sa coutume, les localités, et presser la réparation du pont que les Russes avaient brûlé en se retirant.

Le Roi de Naples se présente sur la rive gauche près Alt-Oeting et Marcktl; le duc *de Montebello* arrive le 29 devant Braunau.

La rapidité de tous ces mouvemens en imposa à l'ennemi, qui battit en retraite avec la plus grande hâte. L'Inn et la Salza furent passées; Braunau, place forte, armée de quarante pièces de canon, approvisionnée de munitions de guerre, de trois mille tonneaux de farine et de quatre-vingt mille rations de pain, tomba au pouvoir de l'armée française. Une conquête de cette importance ne retarda pas d'une heure les mouvemens de l'armée, qui continua sa marche.

Le 29, l'EMPEREUR part de Mühldorf, et s'arrête deux heures à Burghausen, pour voir marcher les trains d'artillerie, qui avaient beaucoup de peine à passer le défilé. Il arrive à Braunau à cinq heures. Le temps était pluvieux ; au milieu des embarras de l'artillerie et de toutes les fatigues d'une marche forcée, les soldats voyaient avec plaisir leur Empereur, couvert d'eau et de boue, partager leurs fatigues.

Beaucoup de régimens qui ne devaient pas s'arrêter à Braunau, passèrent à une portée de fusil des glacis de cette place. Telles étaient la nécessité des circonstances et la rapidité des mouvemens, qu'ils durent marcher deux ou trois lieues encore, au lieu de se reposer pendant le mauvais temps.

L'EMPEREUR s'arrête à Braunau les 30 et 31, pour organiser les subsistances de l'armée et la défense de cette place importante, qui forme une si belle tête de pont sur l'Inn ; et pendant ces deux jours, malgré le froid et la pluie, il resta presque constamment à cheval.

Le Roi de Naples, avec le corps du prince *d'Eckmühl*, se porta sur Ried ; le corps du duc *de Montebello* se mit, de Schärding, en marche sur Lintz ; le duc *de Dalmatie* quitte à Ried le chemin de Lambach, et se porte sur Wels.

Cette marche fut si rapide, que, le 1er novembre, le Roi de Naples entra à Lambach. Une rencontre de cavalerie avait eu lieu sur la route de Mersbach ; mais à Lambach, pour la première fois, le 17ᵉ de ligne (1) se trouva aux prises avec huit bataillons russes, qui, voulant donner le temps à plusieurs bagages de passer la Traun, firent halte, et prirent position, pour retarder d'une heure la marche des Français. Ils furent culbutés, mis en fuite, et laissèrent un grand nombre de prisonniers avec trois pièces de canon. Dès ce moment, les généraux autrichiens commencèrent à craindre que leurs alliés ne leur fussent pas d'un aussi grand secours qu'ils l'avaient espéré.

Le pont de Lambach était coupé ; il ne put être rétabli que sous la protection d'une vive fusillade. Le prince *d'Eckmühl* fit passer quelques troupes sur des bateaux qui servaient au transport du sel ; le général comte *Bisson* (2) fut blessé dangereusement. La terre était couverte de neige, la saison rigoureuse, et le pays assez difficile ; mais l'ennemi n'essaya plus de disputer le terrain.

Le général *Kellermann* (3), commandant l'avant-garde du prince *de Ponte-Corvo*, poursuivit une colonne ennemie qui, de Salzbourg, se retirait sur la Carinthie ; il l'attaqua dans le défilé de

---

(1) Commandé par Nicolas Conroux, devenu général de division et baron de Pépinville. Entré au service comme enfant de troupe en 1786, il obtint tous ses grades sur le champ de bataille. Tué à l'ennemi en 1813. Son nom figure au côté est de l'Arc de triomphe de l'Etoile.

(2) Inscrit au côté est de l'Arc de triomphe de l'Etoile.

(3) De Kellermann (François-Etienne), fils du maréchal et lui-même comte, marquis puis duc de Valmy et pair de France. Inscrit au côté Sud de l'Arc de triomphe.

Golling, tourna et prit le fort de Werfen, fit cinq cents prisonniers, et dispersa le reste de la colonne dans les montagnes.

Le prince *de Ponte-Corvo* et le duc *de Raguse* se dirigèrent de Salzbourg et Lauffen sur Lambach.

Le duc *de Dalmatie* arriva à Wels, et le duc *de Montebello* à Lintz, où il s'empara du fameux pont sur le Danube, que l'ennemi voulut lui disputer.

L'EMPEREUR arriva à Ried le 1ᵉʳ novembre. Le temps était devenu beau : un air froid et sec avait remplacé la pluie : les chemins étaient couverts de neige. Le 2, il établit son quartier général à Haag. Le froid était considérablement augmenté. Cette journée fut l'une des plus froides de l'hiver.

L'EMPEREUR arriva le 3 à Lambach, où il logea au couvent, et le 4 à Wels, où il passa le pont. Il fit le tour des collines environnantes, et, le soir, établit son quartier général à Lintz au palais des états. Il y resta jusqu'au 9, et reconnut le système des positions qui environnent la ville.

Le 4, le prince *d'Eckmühl*, appuyé par le duc *de Raguse*, se porta sur Steyer ; le Roi de Naples et le duc *de Montebello* se dirigèrent sur Enns ; le duc *de Dalmatie* et le prince de *Ponte-Corvo* suivirent la même route.

Nous entrâmes à Enns et Steyer, et la rivière d'Enns fut passée.

Le Roi de Naples et le duc *de Montebello* joignirent, le 5, l'arrière-garde des Russes qui s'était postée sur les hauteurs d'Amstetten, voulant gagner la journée pour donner le temps à leurs immenses bagages de passer la rivière de l'Ips.

Les grenadiers du duc *de Reggio* attaquèrent et culbutèrent, après une vive résistance, l'arrière-garde, et lui firent dix-huit cents prisonniers.

On trouva à Amstetten des vivres et une belle manutention ; on raccommoda le pont de l'Ips, et le Roi de Naples arriva à Mölk le 7 novembre.

A mesure que l'on marche sur Vienne, le pays devient plus difficile ; il n'y a plus qu'un seul chemin qui longe le Danube : c'est par ce chemin que toute l'armée fut obligée de passer, excepté le corps du prince *d'Eckmühl,* qui fut envoyé par Waydhofen et Saint-Gaming sur Mariazell.

Le 8, l'avant-garde, étant encore à plusieurs lieues de Mariazel, rencontra le corps du général *Merfeld,* l'attaqua avec vigueur, le mit en déroute et lui prit trois drapeaux, seize pièces de canon avec quatre mille prisonniers.

Il devenait impossible de suivre constamment cette ligne sans s'éclairer sur la rive gauche du Danube.

Le duc *de Trévise,* avec les divisions du comte *Dupont* (1), du général *Dumonceau,* et la division de dragons du comte *Klein,* avait été chargé de marcher en corps d'observation sur la rive gauche.

---

(1) Dupont de l'Etang (Pierre Dupont, dit), Comte de l'Empire, commandant en chef le 2ᵉ corps d'observation de la Gironde, capitule à Baylen, le 20 juillet 1808 ; destitué, le 1ᵉʳ mars 1812 ; ministre de la guerre de Louis XVIII, le 3 avril 1814.

Il était parti de Lintz le 7 novembre et était arrivé le même jour à Mauthausen, où il avait trouvé des magasins très-considérables.

Le duc *de Raguse* se dirigea de Steyer sur Léoben, où il fit quelques prisonniers.

Cependant la confusion devenait grande dans la capitale de l'Autriche. L'Empereur d'Allemagne, ouvrant enfin les yeux sur ses dangers, envoya, pour faire des propositions de paix, le lieutenant-général *Giulay*, prisonnier de guerre, renvoyé d'Ulm par NAPOLÉON, en déclarant toutefois qu'il ne pouvait en venir à un traité définitif qu'il ne se fût concerté avec son allié l'Empereur de Russie. NAPOLÉON lui dit que son Souverain était maître d'attendre le consentement de l'Empereur de Russie, mais que lui ne l'était point de perdre son temps à de vains armistices; qu'il ne retarderait pas sa marche d'un jour ni même d'une heure; que c'était à lui de voir ce qu'il lui convenait de faire, et s'il devait mettre en balance des engagemens imprudemment formés avec les intérêts les plus chers de ses peuples et de sa capitale, qui allait être exposée à toutes les horreurs de la guerre.

Le Roi de Bavière (1) venait d'arriver à Lintz, et

---

(1) Maximilien-Marie-Michel-Jean Evangéliste-François de Paule-Joseph-Gaspard-Ignace-Jean Népomucène, prince palatin des Deux-Ponts. Colonel-propriétaire du régiment d'Alsace, au service de France, le 12 novembre 1770, brigadier d'infanterie, le 5 décembre 1781, maréchal-de-camp, le 9 mars 1788, chevalier de Saint-Louis, le 1ᵉʳ juin suivant, lieutenant-général, le 7 novembre 1789. Roi de Bavière en 1805.

l'Empereur avait retardé son départ d'un jour
pour se concerter avec ce prince : il partit immédiatement après, et s'arrêta plusieurs heures au
passage de l'Ips pour presser la réparation du
pont. Il arriva à Mölk le 10 et à Saint-Pölten
le 11, où il séjourna le 12. A son arrivée, il apprit
que les Russes, en faisant une marche de flanc,
avaient pris le même chemin par lequel ils étaient
venus, et avaient repassé le Danube sur le pont
de Krems, qu'ils avaient ensuite brûlé.

Cependant le duc *de Trévise*, instruit que l'ennemi battait en retraite par la rive gauche et se
retirait sur Znaym et la Moravie, se porta le 11 à
Dirnstein , culbuta tous les postes ennemis et
s'empara de Loiben. Il n'avait avec lui que la
division du comte *Gazan ;* celle du comte *Dupont*,
restée en arrière, et la division batave (1) étaient
en retard d'une marche. Le duc *de Trévise* croyait
n'avoir affaire qu'à une arrière-garde ; mais les
Russes qui n'avaient pas eu le temps de faire filer
leurs bagages, étaient restés au nombre de trente-
six mille. Ils furent étonnés de l'audace de cette
division, qu'ils apprirent bientôt n'être forte que
de neuf bataillons, et se laissèrent conduire par
le général *Smith*, officier autrichien distingué,
qui fit passer un corps de douze mille hommes

----

(1) Du général Dumonceau, lieutenant-général commandant en chef
l'armée hollandaise. Comte de Bergendal, en mai 1810. Inscrit sur le
tableau des généraux de division français lors de la réunion de la Hollande à l'Empire. Figure côté Nord de l'Arc de triomphe.

sur les derrières de la division française. Ces douze mille hommes, arrivés au château de Dirnstein, culbutèrent les quatre compagnies qu'on y avait laissées, et marchèrent de tous côtés à l'attaque du village de Loiben.

Le duc *de Trévise* avait occupé, près de ce village, une assez belle position : cerné de tous côtés, il avait fait face par-tout, et avait fini par faire à l'ennemi un mal effroyable. Le combat fut en effet des plus opiniâtres et des plus meurtriers ; mais, enfin, les cartouches venant à lui manquer, et voyant l'impossibilité de résister dans cette position, il prit le parti de marcher sur le corps des Russes, et de s'ouvrir le chemin de Dirnstein.

Le comte *Marchand*, commandant l'avant-garde du comte *Dupont*, ayant entendu la canonnade, arriva avec la 9ᵉ d'infanterie légère (1) et la 32ᵉ de ligne (2), et attaqua le général *Smith*, qui se trouva lui-même pris entre deux feux. Cette heureuse diversion facilita le mouvement de la division du comte *Gazan*. Le général *Smith* fut tué de deux balles, sa division mise en déroute, et obligée d'abandonner la position aux troupes françaises, qui y passèrent la nuit. De part et d'autre on fit des prisonniers ; les Russes prirent quatre cents hommes, et les Français trois cents.

Sept cents hommes que le général *Kutusof* avait

---

(1) Le titre d'*Incomparable* lui a été décerné dans le bulletin de la bataille de Marengo.
(2) Surnommée *la Brave*.

embarqués sur le Danube, furent arrêtés par le comte *Milhaud*, vis-à-vis Tuln, et faits prisonniers. Un autre bataillon de cinq cents hommes fut arrêté aussi deux heures après.

Au même moment, le général *Kutusof* s'était mis en marche pour effectuer sa retraite et avait abandonné dix-huit cents blessés. Cependant le Roi de Naples était arrivé le 11 à Sighartskirchen. Au débouché de la *forêt de Vienne* et aux portes de cette grande capitale, il avait reçu une députation de cette ville, qui lui en apportait les clefs, et qui faisait connaître qu'elle était armée au nombre de six mille hommes pour maintenir le bon ordre et empêcher le pillage.

Au même moment, le général *Giulay* était envoyé par l'Empereur d'Allemagne auprès de NAPOLÉON, à Saint-Pölten ; et ce prince, au lieu de négocier franchement et de sauver sa capitale, avait chargé M. *de Giulay* de communiquer une note de M. *de Cobenzell*, qui annonçait que le Roi de Prusse avait signé, le 2 novembre, une convention par laquelle il adhérait à la coalition. L'Empereur d'Autriche demandait de nouveau un armistice : proposition inconsidérée, plus propre à accélérer la marche de l'EMPEREUR qu'à la retarder.

L'EMPEREUR, dans ces circonstances, envoya le comte *Bertrand*, son aide-de-camp, porter l'ordre au Roi de Naples de se saisir du pont de Vienne. Les habitans de Vienne et tous les estimables Autrichiens demandaient à grands cris la paix ; les idées d'armistice étaient dans toutes les têtes, et personne ne pouvait croire qu'on voulût encore tenter les hasards d'une guerre qui paraissait sans espoir de succès et pourrait conduire la monarchie à sa perte.

Ce fut dans cet état de choses que, le 13, le Roi de Naples, faisant tourner la ville par plusieurs bataillons en employant la force et les négociations, s'empara du pont au moment où le général *d'Auersperg* venait d'ordonner qu'on le brûlât.

Le même jour, à onze heures du soir, l'Empereur se porta au-delà du pont ; et le général *Giulay*, qui l'avait laissé à Saint-Pölten, fut fort étonné de le trouver au bivouac, à la pointe du jour, à la tête de son avant-garde déjà en marche sur la Moravie.

L'Empereur revint établir son quartier général à Schônbrunn.

L'ennemi abandonna dans sa capitale plus de deux mille bouches à feu, une salle d'armes garnie de plus de cent mille fusils, et une immense quantité de munitions de guerre de toute espèce.

DEUXIÈME PARTIE.

Mouvemens depuis l'entrée à Vienne jusqu'à l'arrivée à Brünn.

L'ARMÉE, sans s'arrêter un moment à Vienne, traversa la ville et se mit en marche dans l'espérance de rencontrer le général *Kutusof*.

Le 14, à la pointe du jour, le comte *Milhaud*, avec un corps de cavalerie, se porta à Wolkersdorf, sur la route de Brünn, fit six cents prisonniers, et prit le parc d'artillerie de campagne de l'ennemi, composé de cent quatre-vingt-onze pièces de canon munies de leurs caissons, qu'on évacua sur Vienne.

Le 13, le Roi de Naples coucha à Stokerau. Une division de quatre mille Autrichiens, dont deux régimens de cuirassiers, qui se trouvèrent sur le bord du Danube, fut enveloppée par ce mouvement ; mais on avait tant parlé d'armistice, que nos généraux eurent la simplicité d'y croire. Déjà ils avaient ordonné aux cuirassiers de mettre pied à terre ; ils étaient sur le point de les désarmer et de les conserver prisonniers, quand ils commirent l'erreur de les laisser aller, avec la promesse qu'ils ne se battraient point le reste de la campagne contre nous. Il est vrai qu'après la prise de Vienne nos troupes ne pouvaient plus

s'accoutumer à voir les Autrichiens comme ennemis. D'après les sentimens que la population de
cette capitale témoignait à l'armée, et la haine
générale que le pays montrait contre les Russes,
le soldat se regardait en Moravie comme chez lui.

Le 14, le Roi de Naples coucha à Stokerau.
Le 15, il rencontra l'armée russe, qui était postée
sur les hauteurs d'Hollabrünn. L'inquiétude des
généraux russes était extrême ; ils avaient lieu de
craindre qu'une colonne française ne fût déjà
arrivée à la hauteur de Brünn : ils envoyèrent
M. *de Wintzingerode*, aide-de-camp de l'Empereur
de Russie, proposer qu'on leur permît de se retirer. Le Roi de Naples leur accorda la capitulation
suivante :

« Il a été convenu entre M. le général de divi-
» sion *Belliard*, chef de l'état-major général,
» et d'après l'autorisation de S. A. S. le prince
» Murat, grand-amiral, maréchal d'empire et lieu-
» tenant de S. M. l'Empereur des Français et Roi
» d'Italie,

» Et M. le baron *de Wintzingerode*, aide-de-
» camp général de S. M. l'Empereur de toutes les
» Russies, d'après son autorisation, et général-
» major de l'armée :

» Il y aura armistice entre le corps d'armée
» aux ordres de S. A. S. le prince Murat et l'armée
» russe commandée par le général en chef comte
» *de Kutusof*, du moment de la signature des
» présentes conditions.

» L'armée russe quittera l'Allemagne, et se
» mettra de suite en marche par la route qu'elle
» a prise pour s'y rendre, et par journées d'étape ;
» alors le prince Murat consent à suspendre sa
» marche sur la Moravie.

» Les présentes conditions ne pourront être
» exécutées qu'après la ratification de S. M. l'Em-
» pereur NAPOLÉON ; et, en attendant, l'armée
» russe et le corps d'armée du prince resteront
» dans les positions qu'ils occupent maintenant.

» Dans le cas de non-acceptation de la part de
» l'EMPEREUR, on se préviendra quatre heures
» avant de rompre l'armistice. »

Cependant, la capitulation à peine signée, le
général *Kutusof* se mit sur-le-champ en marche
avec la moitié de son armée.

L'EMPEREUR, se doutant qu'on tendait un piége
pour se tirer d'un mauvais pas, envoya l'ordre au
Roi de Naples de rompre la capitulation, et de
faire à l'ennemi le plus de mal possible. Sa Majesté partit alors de Vienne, et arriva le soir à
Hollabrünn.

Sur la route, l'EMPEREUR fut arrêté par les
flammes qui dévoraient un village. Les malheureux paysans, avec un sang-froid qui caractérise
le Morave, s'occupaient, sans se plaindre, à
éteindre l'incendie ; l'EMPEREUR reste une demi-
heure au milieu d'eux, et son escorte les aida à
sauver leurs chaumières,

Le Roi de Naples fit ses dispositions, et attaqua le même jour, c'est-à-dire, le 16 après-midi.

Le duc *de Montebello* attaqua l'ennemi de front; et pendant qu'il le faisait tourner par la gauche avec la brigade de grenadiers du comte *Dupas*, le duc *de Dalmatie* le faisait tourner par la .droite avec la brigade du baron *Levasseur*, composée des 3e et 18e de ligne.

Le comte *Walter*, avec sa brigade de dragons, chargea les Russes et fit trois cents prisonniers. La brigade de grenadiers du baron *Laplanche-Mortière* se distingua. Sans la nuit, rien n'eût échappé ; on se battit plusieurs fois à l'arme blanche : des bataillons de grenadiers russes montrèrent de l'intrépidité.

Le duc *de Reggio* fut blessé (1). L'EMPEREUR, voulant donner aux grenadiers (2) une preuve de son estime, nomma le duc *de Frioul* pour les commander.

L'arrière-garde russe perdit dans cette journée douze pièces de canon, cent voitures de bagages, deux mille prisonniers, et deux mille hommes restés sur le champ de bataille.

Le 17, à la pointe du jour, l'EMPEREUR se mit à la tête de l'armée pour suivre les Russes, et passa la Taya à Znaym. La journée était belle, mais

---

(1) D'un coup de feu à la cuisse.

(2) C'étaient dix bataillons formés, en 1804, de bataillons d'élite tirés de régiments de ligne et légers. Ils constituaient la division d'a-vant-garde de l'Armée des Côtes de l'Océan, qui devint la Grande Armée.

froide. NAPOLÉON, tant pour encourager les soldats
à la marche, que pour diminuer les fatigues de la
journée, allait une lieue en avant, faisait allumer
un feu, et attendait ainsi que la colonne fût
arrivée à sa hauteur.

Il suivit l'arrière-garde ennemie jusqu'à Teswitz,
revint à Znaym, où il établit son quartier général,
et y séjourna le 18. Le comte *Sébastiani* (1), avec
sa brigade de dragons, ramassa cinq à six cents
fuyards russes.

L'aspect qu'offraient les beaux villages de Moravie était horrible ; les Russes mettaient le feu
partout. Rien n'égalait le désespoir des habitans ;
ils recevaient les Français comme leurs libéra-
teurs, et couraient de tous côtés pour arrêter les
Russes, dont un grand nombre fut massacré par
les habitans.

On se figure facilement combien l'armée française devait être fatiguée. Quelque intérêt que
l'EMPEREUR eût de poursuivre les Russes, il jugea
devoir lui donner toute la journée du 18 pour
prendre du repos.

Le 19, à trois heures après-midi, l'avant-garde
entra à Brünn, que l'ennemi avait évacué avec
une telle précipitation, qu'il y laissa quatre mille
barils de farine, tous ses magasins de vivres, tous

---

(1) Sébastiani de La Porta (Horace-François), Comte de l'Empire,
Ministre de la marine, puis des affaires étrangères en 1830. Maréchal
de France, le 21 octobre 1840. Inscrit au côté ouest de l'Arc de
triomphe de l'Etoile.

ses magasins à poudre et soixante pièces de canon. La citadelle fut sur-le-champ occupée. Napoléon coucha le 19 à Pöhrlitz, et entra à Brünn le 20 à dix heures du matin. Il se mit aussitôt en marche pour suivre l'ennemi avec sa cavalerie, et s'établit près du village de Latein. Nos coureurs apprirent bientôt que la cavalerie ennemie était placée dans la plaine, ayant sa droite vers le Santon, et paraissait vouloir disputer le terrain pour se maintenir sur un champ de bataille qui, peu de jours après, devint célèbre par un des plus grands faits d'armes des temps modernes.

L'infanterie ennemie était derrière, au village de Rausnitz.

La cavalerie française était au pied de la hauteur appelée depuis *le bivouac de l'Empereur* ; la cavalerie de la garde, une lieue en arrière et en avant de Napoléon.

Il s'engagea un combat de cavalerie de cinq à six mille chevaux de part et d'autre. Les cuirassiers français se comportèrent comme à l'ordinaire, et manœuvrèrent avec intrépidité et sang-froid. Un escadron du 11e de dragons (1), qui avait fait une marche de flanc sur la droite, fut chargé au même moment par l'ennemi et obligé de se replier en tirailleurs : dans ce chaos, le porte-étendard ayant été tué, son aigle fut prise.

Les différentes lignes abordèrent cet escadron

____

(1) Le deuxième, aux ordres du capitaine Hardy.

à plusieurs reprises ; à la fin de la journée, le duc *d'Istrie*, avec la garde, fit une charge brillante qui décida la déroute de la cavalerie russe. Elle fut repoussée l'épée dans les reins jusqu'à Rausnitz. Une colonne de dragons russes, plusieurs officiers et une centaine d'hommes restèrent entre nos mains. Le 20 au soir, NAPOLÉON revint à Brünn, où il resta jusqu'au 28, jour où les Russes attaquèrent les avant-postes français à Wischau,

Le 21, le Roi de Naples porta son quartier général à Rausnitz, et toute la cavalerie prit ses cantonnements entre Rausnitz et Wischau. Quatre cents chasseurs occupèrent cette petite ville en forme de grand'garde.

TROISIÈME PARTIE

Mouvemens depuis l'entrée à Brünn jusqu'á la bataille d'Austerlitz.

Le temps s'était considérablement adouci. Les fourrages et les vivres étaient dans la plus grande abondance ; mais la chaussure était dans le plus mauvais état, et l'armée harassée de fatigue. L'Empereur occupait la position qu'il désirait prendre. Il voulut laisser à son armée quinze jours de repos dont elle avait besoin pour se mettre à même d'agir ensuite selon les circonstances de la saison.

Derrière les cantonnements de la cavalerie, le corps du duc *de Montebello* occupait les villages en avant de Brünn, avec ordre de prendre à la première alerte position sur la hauteur de Latein. Le duc *de Dalmatie*, qui avait passé par le couvent de Raygern, couronnait les hauteurs d'Austerlitz qui dominent la route de Brünn à Wischau.

La garde impériale était à Brünn, la division du comte *Caffarelli* (1) à Pöhrlitz, les deux autres divisions du prince *d'Eckmühl* à Wolkersdorff et à Vienne : le duc *de Trévise* occupait

---

(1) Remplaçait le général Bisson, blessé.

Vienne ; et le duc *de Raguse*, Grätz. Le prince *de Ponte-Corvo* occupait Trebitsch, Eybentshitz, Budvitz, Iarmeritz et Znaym, et les Bavarois arrivaient à Iglau.

Les Empereurs de Russie et d'Allemagne étaient à Olmütz avec leurs deux armées réunies. Le prince *Ferdinand,* avec un corps de quinze à vingt mille hommes, était en Bohême ; le prince *Charles,* avec un corps de quarante à cinquante mille hommes, battait en retraite devant le prince *d'Essling* (1), et était déjà arrivé à Laybach. Le général *Chasteier,* avec le corps qui s'était échappé du Tyrol, occupait OEdenbourg, et ce corps pouvait être considéré comme l'avant-garde du prince *Charles.* Telles étaient les positions respectives des deux armées.

L'Empereur, occupant ce point central, pouvait en peu de jours réunir plus de forces que l'ennemi n'était capable de lui en imposer.

Les deux Empereurs marchaient-ils pour lui livrer bataille ? Il pouvait en trois jours être renforcé des corps du prince *de Ponte-Corvo* et du prince *d'Eckmühl,* ainsi que d'une partie de la garnison de Vienne. Restaient-ils, au contraire, sur la défensive, et le prince *Charles* marchait-il sur Vienne ? Il pouvait employer comme avant-garde le corps commandé par le duc *de Raguse,* le renforcer en deux jours par les corps du prince

______

(1) Commandant l'Armée d'Italie, devenue 8ᵉ corps de la Grande Armée, le 31 décembre 1805.

d'Eckmühl et du duc *de Trévise* (1), tandis que, par une retraite sûre et lente, les corps des ducs *de Dalmatie* et *de Montebello*, et du prince *de Ponte-Corvo*, retardaient la marche des deux Empereurs dans les défilés de Nicolsbourg ou tout autre point de leur route, autant de temps qu'il aurait convenu. Il se trouvait à cheval sur le Danube, avec des magasins considérables et toutes les ressources de Vienne, en position d'attaquer avec toutes ses forces réunies l'un ou l'autre corps.

Le prince *Charles* prenait-il le parti de traverser la Hongrie et de passer le Danube plus bas pour se réunir aux deux armées russe et autrichienne? L'EMPEREUR avait calculé qu'il fallait un mois à ce prince pour obtenir ce résultat; alors, quand il l'aurait su engagé pour ne pouvoir plus marcher sur Vienne, il eût fait revenir le duc *de Raguse* dans cette capitale, et aurait réuni le reste de ses forces pour marcher sur l'armée des deux Empereurs et les culbuter en Pologne.

Cette combinaison lui paraissait la plus probable, parce qu'elle lui semblait offrir à l'ennemi le plus grand avantage, celui de réunir le plus de forces possibles pour une grande bataille. Elle assurait à l'EMPEREUR quelques semaines de délai qu'il avait jugé être nécessaires pour le ralliement et le repos de toute son armée. Chaque jour ses

---

(1) Commandait un corps d'armée sans numéro, en garnison à Vienne.

forces augmentaient de plus de cinq cents hommes; et cette armée, qui, d'un trait, s'était rendue de Boulogne à Brünn, sans presque aucun séjour, se renforçait à chaque instant de tous les détachemens qui n'avaient pu rejoindre, de tous les moyens qu'on organisait dans le pays, et de ceux même qui avaient été préparés sur le Rhin et en France, dans l'hypothèse d'une retraite ou d'une guerre incertaine.

Vers le 26 ou le 27, on ne tarda pas à se douter, aux mouvemens que l'ennemi faisait à Olmütz, qu'il ne resterait pas longtemps tranquille.

Le 27, le général *Giulay* et M. *de Stadion* vinrent au quartier - général de Brünn avec des pleins-pouvoirs de l'Empereur d'Allemagne pour négocier et signer un traité de paix définitif.

Différentes négociations eurent lieu. Il ne fut pas difficile à l'Empereur de pénétrer que les espérances des ennemis étaient rehaussées. Pour mieux connaître encore leurs véritables sentimens, il leur proposa formellement une suspension d'armes; ils écartèrent cette proposition, sous prétexte que l'Empereur d'Allemagne ne pouvait y consentir sans le concours de l'Empereur de Russie, qui dirigeait les opérations de l'armée, et qu'ils n'avaient point de pouvoirs de cet Empereur.

Napoléon avait peine cependant à concevoir que l'Empereur d'Allemagne voulût courir les plus grands risques en tentant les hasards d'un événement décisif qui lui présentait peu de chances favorables. Il envoya les plénipotentiaires à Vienne dans l'intention de rouvrir les conférences de Mölk.

Le 28, M. le comte *de Haugwitz*, ministre des affaires étrangères du Roi de Prusse, arriva au quartier-général de Brünn : ce fut, pendant la conférence que l'EMPEREUR lui accorda, qu'on vint lui annoncer que l'avant-garde russe paraissait devant Wischau. Cette conférence dura quelques heures. L'EMPEREUR alla plusieurs fois dans son cabinet pour donner des ordres et écouter les officiers d'état-major. Cependant la conférence finit. Il fit connaître à ce ministre que Brünn allait devenir le théâtre de grands événemens, qu'il pourrait se trouver au milieu du choc, et qu'il lui conseillait d'aller à Vienne. M. *de Haugwitz* partit dans la nuit pour cette capitale.

Cependant Wischau était cerné par l'ennemi : toute l'armée russe prenait position. La cavalerie des deux armées était à cheval et en présence. Cent hommes du 6e régiment de dragons qui étaient dans Wischau , ne tardèrent pas à se rendre.

Le 28 novembre, l'EMPEREUR, après avoir expédié les ordres aux princes *de Ponte-Corvo* et *d'Eckmühl*, ainsi qu'à la cavalerie, partit de Brünn, et se rendit à neuf heures du soir à la maison de poste dite *Pozorzitzer Poste* : les deux armées occupaient alors la position indiquée plus haut (1); quelques bataillons de chasseurs russes étaient déjà postés près de Rausnitz.

Des hauteurs d'Austerlitz, qu'occupait le duc *de Dalmatie*, on voyait l'armée ennemie placée derrière Wischau sur sept lignes, indépendamment de la réserve et de l'avant-garde.

Après avoir parcouru le front des bivouacs, sur les hauteurs de la maison de poste, l'EMPEREUR montait à cheval pour se porter sur les hauteurs d'Austerlitz, et s'assurer lui-même de la présence de l'ennemi et du nombre de son armée (car, ne voulant pas recevoir bataille dans la position où il se trouvait, il avait intérêt cependant à ne pas perdre un pouce de terrain, et à rester encore un jour dans cette position, si la disposition des bivouacs ennemis ne faisait pas penser qu'ils voulussent attaquer le lendemain); mais, au moment où il montait à cheval, le duc *de Rovigo*, qu'il avait envoyé à l'Empereur *Alexandre*, arriva de son quartier-général, et fit connaître que toute l'armée russe était là.

Le duc *de Rovigo*, parti de Brünn, était resté deux jours à Olmütz, et avait eu plusieurs conférences avec l'Empereur *Alexandre :* il se louait beaucoup de l'Empereur et du grand-duc *Constantin ;* mais il montrait le plus grand mépris pour tous les propos légers et inconsidérés de cette foule d'officiers qui accompagnait les deux princes. Ils marchaient moins à une bataille qu'à

----

(1) Page 31.

une victoire : selon eux, les Français n'avaient vaincu que par la lâcheté des Autrichiens ; et ces propos, ils se les permettaient devant les officiers autrichiens eux-mêmes, et s'ôtaient par cela seul un moyen de vaincre.

Les Russes avaient une telle ignorance des événements passés, que l'affaire d'Hollabrünn leur était présentée comme une victoire, et qu'ils croyaient avoir fait quatre à cinq mille prisonniers. L'Empereur *Alexandre* lui-même, malgré sa modération, partageait cette illusion ; toujours à cheval, il s'occupait des moindres détails du quartier-général. L'imprudente confiance des officiers et leurs préventions ne pouvaient échapper à un aussi vieux soldat que le duc *de Rovigo*, et lui firent considérer en pitié une arrogance aussi insensée.

D'après ce qu'annonçait le duc *de Rovigo*, comme d'après tous les rapports du duc *de Dalmatie*, qui arrivaient des hauteurs d'Austerlitz, il devenait inutile que l'EMPEREUR s'y rendît : son opinion était fixée.

Il ordonna au corps du duc *de Dalmatie* de battre en retraite ; et, le 29 novembre, il plaça lui-même, au point du jour, son armée. Le temps était beau, mais froid : à huit heures du matin tous les corps étaient placés et la retraite finie. Lorsque l'EMPEREUR eut coordonné les positions que devaient occuper les différentes divisions de l'armée, il se rendit à son quartier-général, qui fut établi dans une mauvaise grange appelée *Gandia*, sur le plateau en arrière de Kritschen et à gauche de la route.

La position de l'armée, le 29 novembre, était fixée ainsi qu'il suit : le 17e d'infanterie légère se trouvait au Santon, très-belle position où il commençait à se retrancher. La division du comte *Suchet* était diagonalement en arrière, sur la gauche, au-delà du ruisseau de Bellowitz : en arrière étaient les grenadiers du duc *de Reggio*, et la Garde, en troisième ligne, derrière Kritschen ; la cavalerie occupait les villages de Schlapanitz, Girschikowitz, Kritschen, Wellatitz et Bozenitz ; la division du comte *d'Unsenbourg* (1) avait sa gauche appuyée au bois de Bellowitz et refusait sa droite, ayant en deuxième ligne et diagonalement en arrière, la division du comte *Saint-Hilaire ;* la division du comte *Legrand* était derrière Kobelnitz. La cavalerie du baron *Margaron* couvrait les hauteurs de Pratzen ; les villages de Telnitz et Sokolnitz étaient occupés par le bataillon corse et le bataillon du Pô, et se trouvaient éclairés par le corps du baron *Margaron*. Le comte *Caffarelli*, arrivé de Pöhrlitz à dix heures du matin, fut placé en réserve sur la hauteur de Latein : l'éminence où fut établi depuis le bivouac de l'Empereur, fut armée de douze pièces.

Napoléon, en battant en retraite, avait envoyé le duc *de Rovigo* auprès de l'Empereur *Alexandre* pour lui demander une entrevue, ce prince ayant

____

(1) Vandamme.

paru en témoigner quelque désir dans les différentes conversations qu'il avait eues avec cet aide-de-camp.

Le 29 à midi, le duc *de Rovigo* revint annoncer à NAPOLÉON que l'Empereur *Alexandre* avait désiré lui envoyer M. *Novozilzof* ou le prince *Czartoryski*. Il ajouta qu'il ne s'était pas cru autorisé à amener des envoyés diplomatiques, mais qu'il avait conduit jusqu'à nos avants-postes le prince *Dolgorouki*, aide-de-camp de l'Empereur *Alexandre;* NAPOLÉON s'y rendit.

Le prince *Dolgorouki* fit à l'EMPEREUR des propositions de paix, qui tendaient non-seulement à lui faire évacuer toute l'Allemagne et à rétablir l'Empereur d'Autriche dans tous ses États, mais encore à lui faire évacuer l'Italie entière, à rétablir le Roi de Sardaigne en Lombardie et en Piémont, à replacer en Hollande l'ancien Stathouder, et à livrer les places de la Meuse à l'Autriche, à la Prusse et à la Russie.

L'EMPEREUR eut la patience d'écouter de semblables propos. « Mais ne serait-il pas juste, » dit-il, que l'Angleterre revînt sur ses odieuses » prétentions du droit de blocus; qu'on rendît » vaine cette négociation de la Baltique que » *Nelson* a signée en Finlande, et dans laquelle » l'Empereur de Russie a abandonné la cause des » souverains de toutes les nations? » Le prince *Dolgorouki* répondit que l'Angleterre n'était pas une puissance continentale, et qu'aucune puissance du continent ne pouvait se mêler de ses opérations. L'Empereur, à ce discours, ne put contenir son indignation, et congédia l'aide-de-camp d'une manière assez brusque : tous ceux qui l'entouraient s'en aperçurent.

Le prince *d'Eckmühl* était arrivé le 30 avec le comte *Friant* et deux divisions de dragons à Nicolsbourg ; le prince *de Ponte-Corvo*, avec son corps d'armée, était à une demi-journée en arrière de Brünn. Les ennemis, encore éloignés, ne pouvaient, le lendemain, que se placer devant l'armée française, et commencer tout au plus quelques attaques qui n'auraient pas été décisives. Ils n'occupaient pas encore les hauteurs de Pratzen, qui étaient couvertes par notre cavalerie ; dès lors, ils ne pouvaient plus faire une attaque en force dans la journée du 1er décembre. Ils ne pouvaient plus déborder ni même aborder de toute la journée la droite de l'armée, placée en arrière comme elle l'était. En supposant que l'intention de l'ennemi fût d'attaquer dans la journée du 1er décembre, il est évident, par ses dispositions de la nuit, qu'il ne pouvait attaquer que la position du Santon à Girschikowitz, sur plusieurs colonnes en masse, comme les Russes ont fait quelquefois. Douze pièces de canon placées sur le Santon, six sur les revers de cette hauteur, vingt-quatre placées dans les intervalles de la division du comte *Suchet* et des dragons, auraient fait un feu terrible contre lui, et arrêté la marche de ses colonnes. Dans une position aussi avantageuse, la perte de l'ennemi, réuni en masse, paraissait indubitable, sans même un engagement sérieux de la part de l'armée française. Mais, s'il eût marché toute la journée du 29 et eût passé la nuit devant l'armée française, qu'eût fait alors l'EMPEREUR? Eût-il donné bataille avec vingt ou vingt-cinq mille hommes de moins, qui devaient le joindre dans la journée du 1er décembre! Non ; son intention, dans ce cas, était de se placer sur les hauteurs de Brünn, derrière la Zwittawa : aussi l'EMPEREUR avait-il constamment placé son armée, pendant la journée du 29, en deçà des défilés, de manière à n'éprouver aucun retard, et à battre en retraite avec autant de promptitude que s'il n'eût eu que huit mille hommes ; ce qui nécessairement mettait un jour de différence dans l'attaque.

L'EMPEREUR, huit jours avant, avait reconnu les hauteurs de Brünn et choisi un champ de bataille ; il avait compris que l'ennemi mettrait tous ses soins à déboucher au couvent de Raygern, pour lui couper la route de Vienne et déborder sa droite. Par ce mouvement, la gauche de l'ennemi aurait été elle-même au-devant du duc *de Trévise* qui occupait Vienne, où il attendait que l'armée du duc *de Raguse*, qui avait déjà évacué Grätz, vînt occuper à son tour la capitale, pour joindre avec toutes ses forces, à Nicolsbourg, le corps du prince *d'Eckmühl*.

L'EMPEREUR, appuyé à une forteresse couvrant le débouché de la Bohême et d'Iglau par lequel arrivait le prince *de Ponte-Corvo*, aurait manœuvré sur les belles positions de Brünn contre l'armée russe, qui, par sa tendance à arriver à Vienne avant l'EMPEREUR, se serait placée elle-même entre deux corps d'armée, et aurait eu contre elle trente mille hommes de plus qu'elle n'en a eu à la bataille d'Austerlitz.

Toute marche en arrière retardait la bataille d'un jour ; et chaque jour de retard rassemblait l'armée française, et mettait l'armée russe dans une position plus critique.

L'EMPEREUR choisit dès lors un champ de bataille, et résolut d'y attendre l'ennemi. Bien sûr d'être renforcé, dans la journée du 1er, des corps des princes *d'Eckmühl* et de *Ponte-Corvo*, il fit alors passer le défilé de Bellowitz à la division du comte *Suchet*, qui fut remplacée par la division du comte *Caffarelli*.

Pendant la journée du 30, il parcourut tous les plateaux entre Augezd, Pratzen et Girschicowitz ; il s'avança même si loin avec peu de monde, que le piquet de son escorte (1) fut chargé par les cosaques. « Si je voulais, dit l'EMPEREUR, empêcher » l'ennemi de tourner ma droite, je me placerais » sur ces belles hauteurs, où je n'aurais qu'une » bataille ordinaire : j'aurais, il est vrai, l'avan-

______

(1) Vingt hommes des Chasseurs à cheval de la Garde, sous les ordres de Daumesnil, surnommé plus tard la *jambe de bois* et qui s'est immortalisé par ses deux défenses du château de Vincennes. Le général baron Daumesnil, qui en avait été de nouveau nommé gouverneur, y est décédé en 1832. Son nom est gravé au côté Nord de l'Arc de triomphe. Sa noble et digne veuve, née Garat, était sous le second Empire Surintendante de la Maison d'éducation de Saint-Denis.

» tage du poste ; mais, outre que l'on pourrait
» courir les risques d'avoir un engagement trop
» sérieux le premier, l'ennemi, nous voyant ainsi
» à découvert, ne pourrait guère commettre que
» des fautes de détail, et nous devons, avec des
» généraux peu experts dans la grande guerre,
» profiter de leurs fautes principales. »

Le 1er décembre, à la pointe du jour, le comte
Suchet avait sa première ligne en bataille, et la
seconde en colonne sur le revers qui, du Santon,
se prolonge à Girschikowitz ; les dragons du comte
Walther occupaient le village, et le comte *Caffarelli* fut placé en deuxième ligne à cheval sur la
route, ayant sa gauche appuyée à un mamelon.
Les hauteurs qui séparent le Santon du village de
Wellatitz et de Horakow, étaient couronnées par
différents postes. Le corps du duc *de Dalmatie*
formait la droite et la refusait, étant campé
derrière Puntovitz et les lacs de Kobelnitz. Ces
dispositions montraient l'intention de l'Empereur
de ne pas engager sur ces points une affaire.

La journée du 1er se passa en reconnaissances
respectives. L'armée ennemie se montrait cependant de tous côtés : sa droite était appuyée à
Posorsitz, son centre au village de Blazowitz, et sa
gauche couronnait toutes les hauteurs de Pratzen.
Différens mouvemens de cavalerie eurent lieu ; ils
étaient peu importans en eux-mêmes, mais plus
propres cependant à encourager l'ennemi dans
ses attaques qu'à le décourager.

Vers trois heures après-midi, l'ennemi parut

faire vers sa gauche un mouvement plus décidé ; il exécuta, à trois portées de canon de nos avant-postes, une marche de flanc dont on apercevait tous les détails sans lunette : nos éclaireurs de cavalerie, placés sur la hauteur d'Augezd, se replièrent, et, à la nuit, se trouvèrent en avant de Telnitz et Sokolnitz.

La nuit, les deux armées occupaient les positions respectives qu'elles avaient prises dans la journée.

Les mouvemens ennemis que l'EMPEREUR avait toujours présumés, étaient alors entièrement démasqués : il était évident que les Russes voulaient tourner la droite par les villages de Telnitz et Sokolnitz ; ils ne pouvaient faire ce mouvement qu'en occupant quatre lieues de terrain, qu'en s'enfonçant dans les vallées, et en occupant faiblement les hauteurs principales.

L'EMPEREUR conçut alors qu'en faisant une manœuvre contraire à celle des Russes, en réunissant toutes ses forces de manière que l'extrémité de sa droite se trouvât placée vis-à-vis le centre de l'ennemi, il s'emparerait aisément des hauteurs de Pratzen, couperait l'armée en deux, jetterait toute la gauche russe dans les marais et les bas-fonds, où elle se trouverait prise entre l'armée et le corps du prince *d'Eckmühl* qui était à Nicols-bourg, et dont l'avant-garde était déjà arrivée au couvent de Raygern. Il conçut encore que la ligne d'opération de l'armée russe, qui était la route d'Olmütz, serait faiblement gardée et facile à en-

lever, et qu'avec une bonne contenance et un peu
de fortune, on vaincrait, presque sans combattre,
cette armée qui se trouverait perdue et anéantie,
quelques efforts de courage qu'elle pût faire ensuite.

A neuf heures du soir, l'EMPEREUR visita tous
les bivouacs de son armée.

C'était la veille de l'anniversaire de son couronnement. Il avait fait lire aux troupes la proclamation suivante :

« SOLDATS ,

« L'armée russe se présente devant vous pour
» venger l'armée autrichienne d'Ulm. Ce sont
» ces mêmes bataillons que vous avez battus à
» Hollabrünn, et que depuis vous avez poursuivis
« constamment jusqu'ici.

» Les positions que nous occupons sont formi-
» dables ; et pendant qu'ils marcheront pour
» tourner ma droite, ils me présenteront le flanc.

» Soldats, je dirigerai moi-même tous vos ba-
» taillons. Je me tiendrai loin du feu, si, avec
» votre bravoure accoutumée, vous portez le
» désordre et la confusion dans les rangs enne-
» mis : mais si la victoire était un moment incer-
» taine, vous verriez votre EMPEREUR s'exposer
» aux premiers coups ; car la victoire ne saurait
» hésiter dans cette journée surtout où il y va de
» l'honneur de l'infanterie française, qui importe
» tant à l'honneur de toute la nation.

» Que, sous prétexte d'emmener les blessés, on
» ne dégarnisse pas les rangs, et que chacun soit
» bien pénétré de cette pensée, qu'il faut vaincre
» ces stipendiés de l'Angleterre, qui sont animés
» d'une si grande haine contre notre nation.

» Cette victoire finira notre campagne, et nous
» pourrons reprendre nos quartiers d'hiver, où
» nous serons joints par les nouvelles armées qui
» se forment en France; et alors la paix que je
» ferai sera digne de mon peuple, de vous et de
» moi. »

Il serait impossible de peindre l'enthousiasme
des soldats à sa présence. Par un mouvement
spontané, qui caractérise la confiance dont ils
étaient animés, ils se communiquèrent l'idée de
lui donner une illumination : des fanaux de paille
furent mis en un instant au haut de plusieurs
milliers de perches, et quatre-vingt mille hommes
se présentèrent au devant de l'Empereur, en le
saluant par des acclamations qui avaient pour
but, ou de fêter l'anniversaire de son couronnement, ou d'annoncer que l'armée donnerait le
lendemain un bouquet à son Empereur. En passant devant le 28e de ligne, qui avait beaucoup
de conscrits du Calvados et de la Charente-Infé-
rieure, l'Empereur lui dit : « J'espère que les
» Normands se distingueront aujourd'hui. » L'Empereur, qui connaît la composition de chaque régiment, disait un mot à chacun; et ce mot, arrivant au cœur de ceux auxquels il était adressé,

devenait leur mot de ralliement au milieu du feu.
Il dit au 57ᵉ : « Rappelez-vous qu'il y a bien des
» années que je vous ai surnommé le terrible. »
Un des plus vieux grenadiers (1) s'approche de
lui, et dit : « Sire, tu n'auras pas besoin de
» t'exposer ; je te promets, au nom des grena-
» diers de l'armée, que tu n'auras à combattre
» que des yeux, et que nous t'amènerons demain
» les drapeaux et l'artillerie de l'armée russe,
» pour célébrer l'anniversaire de ton couronne-
» ment. »

L'EMPEREUR dit en entrant dans son bivouac,
qui consistait en une mauvaise cabane sans toit
que lui avait faite les grenadiers : « Voilà la plus
» belle soirée de ma vie ; mais j'éprouve du regret
» à penser que je perdrai plusieurs de ces braves
» gens. Je sens, au mal que j'en éprouve, qu'ils
» sont véritablement mes enfants : et en vérité,
» je me reproche quelquefois ce sentiment ; car
» je crains qu'il ne finisse par me rendre inhabile à
» faire la guerre. » Si l'ennemi eût pu voir ce
spectacle, il eût été épouvanté ; mais il continuait
toujours ses mouvements et courait à grands pas
à sa perte.

---

(1) Jean Archer, du 46ᵉ de ligne. C'est lui qui avait donné l'idée de
l'illumination. Archer a été tué à l'ennemi le 22 juillet 1807.

QUATRIÈME PARTIE.

Bataille d'Austerlitz.

Le 2 décembre, à minuit, et lorsque l'EMPEREUR rentrait à son bivouac, il reçut le rapport de son aide de camp le duc *de Rovigo*, qu'il avait envoyé aux villages de Telnitz et Sokolnitz, pour s'assurer si l'ennemi avait de l'infanterie devant ces villages, et en quel nombre cette infanterie pouvait être. Cet aide de camp lui rapporta que le baron *Merle*, qui commandait sur ce point, avait en présence un corps assez nombreux, non-seulement de cavalerie, mais d'infanterie, qui avait pris position devant lui. « En ce cas, dit l'EM-
» PEREUR, il n'y a plus à hésiter; il faut demain
» livrer bataille : il n'y a plus de doute sur les
» faux projets qui animent les généraux de cette
» armée. Avant demain, à cette heure, elle sera à
» nous. »

Il fait sur-le-champ ses dispositions ; il ordonne au prince *d'Eckmühl* de se rendre à Raygern, de prendre le commandement de la division de son corps d'armée qui y était arrivée, d'agir d'une manière indépendante et détachée, de se mettre en mouvement avant le jour pour tâcher de joindre l'ennemi au village de Telnitz; et, dans le cas où les Russes auraient débordé, de les contenir en les harcelant, mais de ne les attaquer vigoureusement que lorsqu'ils seraient coupés et qu'il verrait les hauteurs de Pratzen occupées par nos troupes.

Il donna au duc *de Dalmatie* le commandement de la droite ; il lui ordonna d'occuper en force sur-le-champ le village de Telnitz, et surtout celui de Sokolnitz, afin que ces villages ne soient pas enlevés par les coureurs ennemis, et qu'il ne puisse pas être obligé de faire ses dispositions pour les attaquer en règle, le plan général de la bataille demandant que l'ennemi ne s'emparât de ces villages que lorsque nous serions arrivés sur les hauteurs de Pratzen. Le baron *Merle*, avec le 3ᵉ régiment de ligne, le 26ᵉ d'infanterie légère et les tirailleurs du Pô, soutenu par la cavalerie légère du baron *Margaron* et six pièces de canon, est chargé de la défense de ces villages.

Il ordonne au duc *de Dalmatie* de faire prendre à son corps les armes à petit bruit, et, à quatre heures du matin, de faire passer le ruisseau sur les ponts qu'il avait établis, ayant soin cependant de laisser assez de monde au bivouac pour entretenir les feux jusqu'au jour ; de placer en avant de Kobelnitz, sur deux lignes et en colonnes d'attaque, la brigade du baron *Levasseur*, composée des 18ᵉ et 75ᵉ de ligne (1) et des tirailleurs corses ; de former, sur trois lignes et en colonnes d'attaque, en avant de Puntowitz, les trois bri-

____

(1) Portait sur son drapeau : « *Le 75ᵉ arrive et bat l'ennemi.* »

gades de la division du comte *Saint-Hilaire*; et de disposer dans le même ordre, en avant de Girschikowitz, les trois brigades de la division du comte *d'Unsenbourg*.

Il donne le commandement du centre au prince *de Ponte-Corvo*, qui reçoit l'ordre de faire partir, une heure avant le jour, le général *Kellermann* avec sa cavalerie légère, pour que cette cavalerie se réunisse à celle du Roi de Naples ; d'être rendu lui-même avec ses deux divisions d'infanterie à la hauteur du quartier-général ; de passer le ruisseau au village de Girschikowitz; enfin, de lier sa droite au duc *de Dalmatie*, et sa gauche à la cavalerie du Roi de Naples.

Il ordonne au Roi de Naples de prévenir tous les commandans de cavalerie, et de faire ses dispositions pour réunir toute sa cavalerie à gauche du village de Girschikowitz : il lui ordonne aussi d'appuyer sa droite au prince *de Ponte-Corvo* et sa gauche au duc *de Montebello*.

Il donne au duc *de Montebello* le commande-dement de la gauche : il lui prescrit de former les divisions des comtes *Suchet* et *Caffarelli* en avant du ruisseau, d'appuyer sa droite à la cavalerie du Roi de Naples, d'éclairer sa gauche avec la cavalerie légère du comte *Milhaud*; et de laisser le comte *Claparède* avec le 17° léger pour occuper le Santon.

Il ordonne aux ducs *d'Istrie* et *de Reggio* de se former au point du jour, sur deux lignes en colonne serrée, par bataillon et à distance de déploiement, avec l'artillerie dans les intervalles, et la cavalerie en colonne serrée par escadron.

Les dispositions de l'ennemi étaient toutes différentes.

Le prince *Bagration* commandait la droite, composée de douze bataillons et quarante escadrons, et occupait les hauteurs de la poste.

Le prince *de Lichtenstein*, avec la plus grande partie de la cavalerie, se trouvait entre le centre et la droite.

Le général en chef *Kutusof* commandait le centre et garnissait les hauteurs de Pratzen avec la troisième colonne, forte de vingt-quatre bataillons, commandée par le général *Przybyszewski*, et la quatrième colonne, sous les ordres du lieutenant général *Kollowrath.*

Le général *Buxhowden* commandait l'aile gauche, composée de deux colonnes ; celle du général *Langeron* (1), forte de dix-huit bataillons, occupait les hauteurs au-dessus d'Augezd ; le général *Wimpfen*, à la tête de dix-huit bataillons, était à l'extrême droite et occupait le village d'Augezd.

Le général *Kienmayer*, avec quelque infanterie et de la cavalerie, formait l'avant-garde de l'aile gauche.

La réserve que commandait le prince *Constantin*,

---

(1) Le comte de Langeron, fils d'un lieutenant général et petit-fils d'un maréchal de France, était en 1790 sous-lieutenant surnuméraire au régiment de dragons de Conti. Emigré en 1791 et passé au service de Russie.

devait occuper la hauteur de Pratzen ; le prince *Repnin*, celle à droite de Blazovitz, où ce même prince fut ensuite présenté à l'EMPEREUR après la charge de la garde.

Par ces dispositions, l'extrémité de la droite de l'armée française se trouvait vers le centre de l'armée russe. Elle était débordée de la moitié du corps du général *Kutusof*, de celui du général *Buxhowden* et de celui du général *Kienmayer*.

La simplicité et la sagesse des dispositions de l'EMPEREUR animaient tout le monde de la plus grande confiance. La nuit était belle et éclairée par la lune ; l'immense quantité de feux des deux armées embrasait l'atmosphère. L'EMPEREUR prit trois heures de sommeil : il monta à cheval à trois heures du matin pour voir si l'ennemi avait fait des mouvemens pendant la nuit. La lune s'était couchée, le temps était devenu plus froid : à l'ivresse et aux fêtes de l'armée française, avait succédé un morne silence. Tout le monde dormait. L'EMPEREUR se rendit au village de Girschikowitz. Un régiment de dragons était de grand' garde dans la grande rue : il apprit, par le rapport des sentinelles, que les bruits de l'armée ennemie venaient de cesser ; mais que jusqu'à deux heures du matin on avait entendu le mouvement de la marche des troupes qui se dirigeaient toujours sur leur gauche, c'est-à-dire, sur Telnitz et Sokolnitz. Les feux s'étaient effectivement prolongés de ce côté ; ce fut un nouvel espoir de

succès et une confirmation des fautes que com-
mettait l'ennemi.

A la pointe du jour, les feux des bivouacs ennemis commencèrent à s'éteindre ; et, malgré
l'obscurité, les hauteurs de Pratzen paraissaient
déjà dégarnies. Les dispositions prescrites par
l'EMPEREUR étaient ponctuellement exécutées.
L'EMPEREUR était sur le petit monticule du bivouac,
environné de tous les maréchaux : il ne doutait pas
que l'ennemi ne suivît l'exécution de ses projets ;
mais il attendit encore, avant de donner le signal
du combat, que le jour lui eût assuré qu'il persis-
tait dans le même plan.

Cependant les cinq divisions de l'armée ennemie descendent des hauteurs à la pointe du jour,
et se dirigent entre les villages de Telnitz et l'étang
de Kobelnitz, avec le dessein de se porter sur
Turas et de tourner toute la droite de l'armée
française ; le reste de l'armée devait alors appuyer
ce mouvement. Le prince *Bagration*, la garde
impériale et la cavalerie du prince *de Lichtenstein*
devaient poursuivre sur le grand chemin de Brünn
la gauche de l'armée française, qu'on supposait
devoir reculer pour soutenir la droite.

A la première lueur du jour, quelques coups
de fusil se firent entendre au village de Telnitz ;
la fusillade devint vive, et la canonnade ne tarda
pas à s'engager.

Cependant les différentes divisions de l'armée
étaient placées dans les fonds, et ne pouvaient
être aperçues à cause de la fumée des bivouacs et

des brouillards qui, au lever du soleil, sont assez
ordinaires dans les environs des marais.

Bientôt le soleil se montre ; ce jour, anniversaire du couronnement de l'Empereur, où allait se
passer un des plus beaux faits d'armes du siècle,
parut devoir être encore une des plus belles journées de l'automne. L'obscurité qui existait encore
sur les hauteurs se dissipe ; bientôt elles parais-
sent dégarnies de cette immense quantité de
soldats qui y avaient passé la nuit ; elles paraissaient même faiblement gardées.

« Combien vous faut-il de temps, dit l'Empe-
» reur au duc *de Dalmatie*, pour arriver sur les
» hauteurs de Pratzen avec vos divisions ? —
» Moins de vingt minutes, lui répondit le duc.
» — En ce cas, dit l'Empereur, attendons encore
» un quart d'heure. »

Le feu cependant devenait toujours plus vif au
village de Telnitz, où l'ennemi ne paraissait encore faire aucun progrès.

Un aide-de-camp arrive bientôt de la droite
pour annoncer que la gauche de l'ennemi, qui
paraissait forte de quarante à cinquante mille
hommes, descendait sur cinq colonnes ; que déjà
la masse des colonnes avait évacué les hauteurs ;
que l'ennemi voulait forcer les villages de Telnitz
et Sokolnitz ; qu'il fallait renforcer ces villages, si
on voulait les conserver ; que rien ne pouvait résister sur ce point à cette immense supériorité.
On sent que cet officier ignorait que l'abandon de
ces villages entrait dans les plans de l'Empereur.

NAPOLÉON donne le signal : le Roi de Naples, le prince *de Ponte-Corvo*, les ducs *de Montebello* et *de Dalmatie* partent au galop ; il était environ huit heures et demie.

L'EMPEREUR dit en passant sur le front de bandière : « Soldats, il faut finir cette campagne par » un coup de tonnerre qui confonde l'orgueil de » nos ennemis. » Et aussitôt les chapeaux au bout des baïonnettes, et les cris de *vive l'Empereur* devinrent le véritable signal du combat.

Les voltigeurs des divisions des comtes *d'Unsenbourg* et *Saint-Hilaire* commencent le feu. En un moment, ces divisions gravissent les hauteurs, en colonnes, et l'arme au bras. La cavalerie du Roi de Naples s'ébranle ; la gauche, commandée par le duc *de Montebello*, s'avance. Une canonnade terrible s'engage sur toute la ligne ; deux cents pièces de canon, tonnant presque à la fois, et deux cent mille hommes aux prises, formaient un bruit épouvantable.

L'ennemi cependant s'aperçoit de ce mouvement sur son centre, et renforce les hauteurs de tout ce qu'il peut trouver de disponible, sans garder ni rang de division, ni rang de colonne. Il place partout, et au hasard, des bataillons en bataille. Le général *Kutusof*, qui commandait le centre, s'avance avec toute sa réserve : faible et vaine ressource ! Cette armée surprise pendant une marche de flanc, se croyant attaquante, et se voyant attaquée, se regarde déjà comme à demi battue.

Cependant le général *Kutusof* prend toutes les mesures qui dépendent de lui ; il sent que le sort de la bataille est attaché à la possession des hauteurs de Pratzen ; l'armée française, qu'il voit sur trois lignes, en colonnes serrées, marchant, et n'ayant pour but que de s'emparer des hauteurs, lui fait pressentir le destin de cette journée.

L'Empereur de Russie et le général *Kollowrath*, qui avaient dû retarder leur mouvement pour donner le temps aux autres colonnes de filer, aperçoivent l'armée française au moment où son mouvement en avant, la faisant sortir des brouillards des marais, la montre à mi-côte, près d'arriver sur le sommet des hauteurs.

A peine le général *Kutusof* a-t-il le temps de mettre en bataille la quatrième colonne, d'envoyer quelques bataillons dans le village de Pratzen et de faire quelques dispositions de cavalerie, que le 10ᵉ d'infanterie légère, de la division du comte *Saint-Hilaire*, négligeant le village, passe le ruisseau et marche droit sur les hauteurs, le duc *de Dalmatie* ayant conçu que l'attaque du village le retarderait, et sentant l'importance de couronner les hauteurs dans le premier moment de surprise et de crainte. A cent cinquante pas, le 10ᵉ léger engage le feu, culbute l'ennemi et s'empare de sa position. Le comte *Morand*, qui commandait l'avant-garde, était soutenu par la brigade du général *Thiébault*, composée des 14ᵉ et 36ᵉ régimens de ligne.

Le général *Varé*, avec la 3ᵉ brigade, formée

des 43ᵉ et 55ᵉ de ligne, tourne la gauche du village, couronne les hauteurs, prend en flanc deux régimens russes destinés à soutenir ce village, les attaque encore mal formés et les renverse. L'ennemi évacue Pratzen ; il est poursuivi : le désordre et l'épouvante se propagent dans ses rangs.

La division du comte *d'Unsenbourg* arrivait en ce moment à la hauteur de la brigade du général *Varé* : elle attaque sur-le-champ la quatrième colonne que le général *Kutusof* venait de ranger en bataille. Elle était formée sur plusieurs lignes et refusait sa droite placée sur les sommités du terrain vers Krzenowitz. Ces sommités étaient hérissées de bouches à feu. La première ligne est enfoncée et son artillerie prise ; la seconde est culbutée, et la cavalerie qui la soutenait fuit en désordre. Six bataillons, qu'un mamelon masquait dans leur mouvement, manœuvraient pour tourner la gauche de la division ; le 4ᵉ de ligne (1) les attaque de front ; le baron *Schiner*, avec le 24ᵉ d'infanterie légère, prend en flanc l'ennemi, l'aborde sans tirer un coup de fusil et le taille en pièces. Un régiment russe (2) et le régiment de Salzbourg (autrichien) périssent presque en entier.

Cependant le Roi de Naples avec toute sa cavalerie s'était porté au village de Blazowitz. La cava-

---

(1) Surnommé l'*Impétueux*.
(2) Celui du Grand-Duc Constantin. « Lui-même, dit le XXXᵉ Bulletin, ne dut son salut qu'à la vitesse de son cheval. »

lerie ennemie, qui, au premier moment, était accourue pour soutenir la quatrième colonne, est arrêtée brusquement dans son mouvement, retourne pour prendre sa première position, appuie la gauche du prince *Bagration* et coopère à la défense du village de Blazowitz, où devaient arriver la garde impériale et les deux Empereurs.

Blazowitz était occupé par douze cents Russes. Le général *Ulanius* avait placé trois bataillons dans les villages de Kruh et de Holubitz, et les hauteurs de Kruh étaient armées d'une artillerie formidable. Une nuée de cosaques masquait les dispositions de la cavalerie ennemie.

Les cosaques se dissipent, et au même instant l'artillerie de position vomit un feu terrible sur la cavalerie légère du général *Kellermann,* que le général *Essen* charge aussitôt avec les hulans de la garde impériale russe. Les chasseurs passent dans les intervalles de l'infanterie; les hulans les suivent jusqu'aux batteries, et essuient à bout portant le feu de la mousqueterie de la division du comte *Caffarelli.* Plusieurs charges se répètent avec le même succès. L'infanterie inébranlable fournit toujours un feu nourri. Les régimens des généraux *Kellermann* et comte *Walther* prennent huit pièces de canon, et renversent tout ce qui veut leur résister. Le colonel *Corbineau,* du 5ᵉ chasseurs, prend un drapeau au milieu d'un bataillon russe. Le comte *Sébastiani* attaque l'ennemi en flanc et le force de fuir en désordre.

Pendant ce temps, le duc *de Montebello* fait

attaquer Blazovitz par le 13ᵉ d'infanterie légère, soutenu par le 17ᵉ de ligne. La division du comte *Suchet* marche à l'infanterie du prince *Bagration*, dont l'extrémité droite dirige d'inutiles attaques sur le Santon, où elles sont constamment repoussées par le comte *Claparède* et le 17ᵉ d'infanterie légère.

Cependant, la gauche de l'ennemi continuait ses attaques. Le général *Stuterheim*, à la tête de quelques bataillons autrichiens, avait d'abord emporté la hauteur près de Telnitz.

La première colonne russe, qui suivait l'avant-garde autrichienne, attaqua vivement le village de Telnitz. Les tirailleurs du Pô et le 3ᵉ régiment de ligne profitant des vignes, des fossés, des maisons, et suppléant au nombre par le courage, résistèrent longtemps : mais ils durent enfin céder au nombre; et ils se replièrent derrière Sokolnitz. L'ennemi se fortifiait déjà en avant du village, lorsque le prince *d'Eckmühl*, arrivant de Raygern à neuf heures avec la division du comte *Friant* et les dragons du comte *Bourcier*, marcha à l'ennemi et reprit le village de Telnitz.

Les rues et les maisons furent jonchées de morts, et cinq pièces de canon furent prises; on fut obligé d'en abandonner deux, faute de chevaux pour les ramener.

Le 108ᵉ, qui fut presque toujours mêlé avec l'ennemi, lui enleva deux drapeaux.

Les Russes culbutés, épouvantés, et dans le plus grand désordre, étaient sur le point de mettre bas les armes, et parlementaient déjà, lorsque le 26ᵉ régiment d'infanterie légère, qui faisait partie de la division du comte *Le Grand*, formée sur la gauche et en arrière de Sokolnitz, vint se placer derrière le ruisseau, en avant duquel combattait le 108ᵉ régiment; le brouillard ne lui permettant pas de connaître nos troupes, ce régiment engagea un feu très-vif, qui fit beaucoup souffrir la brigade du comte *Heudelet*. Les Russes reprirent alors les armes, tandis que quelques-uns de leurs bataillons d'autres troupes se déployèrent en plusieurs lignes sur la hauteur de Telnitz, y établirent des batteries, et s'emparèrent une seconde fois du village; ils l'occupèrent par quelques bataillons, firent passer la cavalerie du général *Kienmayer* en avant du défilé, et attendirent, pour se porter en avant, que la communication fût bien établie avec les deuxième et troisième colonnes. Ils attendirent sans doute aussi l'issue du combat sur les hauteurs de Pratzen.

Il était dix heures.

Depuis près de deux heures, les deuxième et troisième colonnes attaquaient avec vigueur le village de Sokolnitz; leur attaque était protégée par une batterie de douze pièces de canon. Le baron *Margaron* place ses six pièces d'artillerie légère dans une bonne position, et il s'établit une forte canonnade qui abime le village.

La division du comte *Le Grand*, accablée par les deuxième et troisième colonnes russes, fut enfin obligée d'évacuer Sokolnitz et de se retirer sur les hauteurs en arrière ; l'ennemi se déployait et manœuvrait pour couper la communication du comte *Friant* avec le comte *Le Grand.*

Alors le prince *d'Eckmühl* laisse le comte *Bourcier* avec sa cavalerie pour contenir l'ennemi devant Telnitz, et marche avec les cinq régimens du comte *Friant* sur Sokolnitz.

Le baron *Margaron* charge avec sa cavalerie pendant que le général *Lochet*, à la tête du 48ᵉ, marche à l'ennemi, secondé par la brigade du baron *Kister* et le 111ᵉ. Les Russes, enfoncés et culbutés, sont poursuivis jusque dans le village, qu'ils abandonnent ; le 48ᵉ s'empare de deux drapeaux et de six pièces de canon.

Mais l'ennemi, auquel son immense supériorité permettait de renouveler sans cesse ses attaques avec de nouvelles troupes, parvint à repousser le 111ᵉ, qui tenait la gauche du village de So-kolnitz ; et le 48ᵉ fut alors livré à lui-même pendant près de trois quarts d'heure. Le général *Lochet*, resté avec ce régiment, eut à soutenir le combat dans les rues, dans les granges et dans les maisons.

Pour dégager le 48ᵉ, le comte *Friant* se porte sur Sokolnitz avec la brigade du baron *Kister*, et parvient à repousser un moment l'ennemi ; il jette aussitôt dans le village le 15ᵉ régiment d'infanterie légère : ce régiment, composé en grande partie de conscrits, s'y couvrit de gloire, mais ne put encore débarrasser le 48ᵉ ; il fut repoussé, ainsi que le 33ᵉ, après la plus vive résistance.

Cette brigade ne tarda pas à être ralliée et ramenée au combat.

Cependant le centre de l'ennemi renouvelait ses efforts pour reprendre le plateau de Prazen qu'occupaient les 10ᵉ léger, 14ᵉ, 36ᵉ et 43ᵉ régimens de ligne ; la gauche de la troisième colonne commandée par le général *Kamensky*, qui se trouvait à portée, avait fait front et menaçait la droite du comte *Saint-Hilaire*. Les deux régiments russes de la deuxième colonne, *Fanagorisky*, grenadiers, et *Rhyasky*, mousquetaires, qui étaient restés en réserve sur la hauteur que cette colonne avait occupée pendant la nuit, s'étaient joints au général *Kamensky* et aux brigades autrichiennes *Jurczeck* et *Rottermund*. Une vingtaine de bataillons, occupant une ligne très-étendue à la naissance du revers tombant sur Augezd et Hostieradeck, s'avancent avec une nombreuse artillerie pour envelopper les quatre régimens français. La droite de cette ligne, à l'aide d'une supercherie, arrive jusqu'à trente pas sans essuyer de feu : deux officiers avaient crié en se portant en avant : *Ne tirez pas, nous sommes Bavarois*. Dès que cette ruse est reconnue, les deux bataillons du 36ᵉ, un bataillon du 14ᵉ, et un autre du 10ᵉ léger, fondent avec fureur sur cette partie de la ligne, la culbutent et la dispersent ; le comte *Saint-Hilaire* est blessé, et le colonel *Mazas* est tué.

Le reste de cette ligne continuait son mouvement ; le second bataillon du 10ᵉ léger s'avance et est repoussé ; trois de nos bataillons allaient se trouver aux prises avec quinze bataillons ennemis, lorsque le baron *Levasseur*, resté en réserve en avant de Kobelnitz, avec les tirailleurs corses, et les 18ᵉ et 75ᵉ régiments de ligne, s'élance avec sa brigade sur le flanc gauche de cette colonne, tandis que le comte *Morand*, avec le premier bataillon du 14ᵉ et les deux bataillons du 10ᵉ léger, charge l'ennemi de front, le culbute et le précipite dans les ravins d'Augezd et de Nusle.

La queue de la colonne qui attaquait Sokolnitz, suit le mouvement du baron *Levasseur ;* mais elle est contenue par l'artillerie que commandait sur la hauteur le chef de bataillon *Fontenay*, et bientôt culbutée elle-même : le comte *Saint-Hilaire* reste enfin maître du plateau.

Pendant ce temps, le comte *d'Unsenbourg*, avec sa division, et le général *Varé*, avec le 55ᵉ, achevaient de chasser l'ennemi de ses positions, lui enlevaient son artillerie, et le jetaient dans les bas-fonds de Klein-Hostieradeck.

Le prince *de Lichtenstein* accourut avec une partie de sa cavalerie pour couvrir la retraite de la quatrième colonne, dont les débris se retirèrent sur Satschan, et nous abandonnèrent entièrement les hauteurs de Prazen.

A la gauche, le village de Blazowitz avait été emporté après une vive résistance. Pendant que le 17ᵉ emmenait les douze cents prisonniers faits à ce village, un corps de cavalerie ennemie débouchait sur le flanc droit de ce régiment ; le général *Debilly* fit aussitôt former en bataillon carré le 61ᵉ, qui fut placé en seconde ligne derrière le 17ᵉ : ce mouvement fut exécuté avec tant de rapidité, que la cavalerie ennemie se trouva engagée entre ces deux régimens et écrasée par leur feu réuni.

Cette cavalerie, dans la confusion causée par sa défaite, s'efforçant de se frayer un passage, sabre les Autrichiens qu'elle ne reconnaît plus. Le Roi de Naples ne peut croire qu'elle est russe ; en voyant ce combat, il la prend pour un corps bavarois et fait cesser le feu : mais bientôt il s'aperçoit de l'erreur. Exposé à de grands dangers, il se voit obligé de charger l'ennemi avec son escorte et les officiers de son état-major ; il fait ensuite avancer la première division de grosse cavalerie aux ordres du comte *de Nansouty*. Jamais on ne vit une charge plus brillante : jaloux de soutenir leur ancienne réputation, les carabiniers et les deux régiments de cuirassiers enfoncent les escadrons ennemis et les forcent de se replier sur leur seconde ligne ; les 2ᵉ et 3ᵉ de cuirassiers, placés en seconde ligne, se mettent alors en mouvement, et rien ne peut résister à leurs charges successives ; l'ennemi voit ses rangs éclaircis par le grand nombre de morts et de blessés qui sont sur le champ de bataille ; il fuit en désordre en nous laissant entièrement maîtres des hauteurs de Blazowitz et de Kruh.

Pendant ce temps, l'infanterie du prince *Bagra-*

tion, ayant sa gauche appuyée au village de Kruh
et aux batteries formidables qui le flanquaient,
avançait, sa droite soutenue par les cosaques. Le
duc *de Montebello* fait faire à la division du comte
Suchet un changement de front, l'aile droite en
avant, tandis que la division du comte *Caffarelli*,
secondant la belle charge des carabiniers, marche
à l'attaque du plateau et du village de Kruh, et y
prend huit pièces de canon et quinze cents hommes. La seconde ligne du comte *Suchet*, qui
jusque-là avait marché en colonnes d'attaque,
se déploie, tandis que la première, en colonnes
serrées, marche à l'ennemi, l'ébranle et le culbute ; les cuirassiers du général *d'Hautpoul* le
sabrent au même moment. Le général *Valhubert*
a la cuisse emportée d'un boulet de canon ; quatre
soldats se présentent pour l'enlever : « Souvenez-
» vous de l'ordre du jour, leur dit-il d'une voix
» de tonnerre, et serrez vos rangs : si vous reve-
» nez vainqueurs, on me relevera après la ba-
» taille ; si vous êtes vaincus, je n'attache plus de
» prix à la vie. » Les Russes, rompus d'abord,
puis pelotonnés, serrés, hérissés de lances, présentent l'aspect des phalanges de l'antiquité, mais
ne peuvent arrêter nos intrépides bataillons, qui
se portent contre eux au pas de charge. Les cuirassiers s'élancent de nouveau sur l'ennemi, jon-
chent le champ de bataille de morts et de blessés,
font trois mille prisonniers et enlèvent vingt
pièces de canon.

L'ennemi est culbuté dans les ravins de Holubitz, derrière Kruh, et va se rallier sur les hauteur de Rausnitz et d'Austerlitz.

Il était midi.

Déjà le prince *de Ponte-Corvo* avait occupé la position du centre ; la division du baron de *La Raffinière* était sur la hauteur Repnin ; la division du comte *d'Erlon* manœuvrait sur la gauche.

L'EMPEREUR, avec son fidèle compagnon de guerre, le prince *de Neufchâtel et de Wagram*, son premier aide-de-camp, le duc *d'Abrantès*, et tout son état-major, se trouvait en réserve avec les dix bataillons de la garde et les dix bataillons de grenadiers du duc *de Reggio*, dont le duc *de Frioul* commandait une partie.

Cette réserve était rangée sur deux lignes, en colonnes par bataillon, à distance de développement, ayant dans les intervalles quarante pièces de canon servies par les canonniers de la garde. C'est avec ces forces que l'EMPEREUR avait le projet de se précipiter partout où il serait nécessaire. On peut dire que cette réserve seule valait une armée.

A peine ce renfort était-il arrivé au centre, que l'EMPEREUR fit marcher le comte *d'Unsenbourg* pour appuyer le comte *Saint-Hilaire*, qu'il avait déjà fait renforcer d'une division de dragons.

Tous les officiers expérimentés, tant autrichiens que russes, voyaient que la journée était perdue ; l'horrible position des deux tiers de l'armée, cernés dans des bas-fonds et des marais, montrait dans toute leur horreur les suites et les catastrophes de cette journée. L'ennemi n'avait plus qu'un parti à prendre, sinon pour ressaisir la victoire, du moins pour dégager sa gauche et prévenir par une retraite sa ruine totale : c'était de réunir toutes ses réserves des troupes d'élite russes qui n'avaient pas encore combattu, et de marcher avec toutes ces forces à l'attaque des hauteurs, pendant que le général *Buxhowden,* avec les troupes de l'aile gauche, marchait de son côté.

La tête de cette réserve déboucha du village de Krzenowitz ; son premier bataillon est culbuté par un bataillon du 4ᵉ régiment de ligne, que le comte *d'Unsenbourg* avait laissé avec le 24ᵉ d'infanterie légère pour garder la gauche des hauteurs de Pratzen.

Un bataillon de ce régiment s'étant trop avancé est, à son tour, cerné par la cavalerie. Il n'a que le temps de se réfugier derrière le corps du prince *de Ponte-Corvo,* qui prenait position à cent pas de là.

Mais l'Empereur, qui sentait que ce mouvement de l'ennemi devenait sa seule ressource, était arrivé avec sa réserve sur la hauteur Repnin. Il envoya sur-le-champ le duc *d'Istrie* avec ses invincibles escadrons pour soutenir le prince *de Ponte-Corvo.*

Le duc *d'Istrie* détache deux escadrons de chasseurs de la garde et les mamelouks pour dégager le bataillon du 4ᵉ, et les fait soutenir par deux escadrons de grenadiers, commandés par le colonel *Dallemagne*. Il envoie sur sa droite, pour contenir une colonne de quatorze escadrons qui débouchaient sur son flanc, le comte *Ordener*, avec trois escadrons, soutenus à droite par l'escadron du prince *Borghèse* en échelons, et à gauche par l'artillerie de la garde.

Les deux escadrons de chasseurs passent dans les intervalles de la division du comte *d'Erlon*, dégagent le bataillon du 4e, mettent en désordre la cavalerie ennemie, la renversent sur l'infanterie qu'ils sabrent aussitôt; mais bientôt, accablés par le nombre, ils se rallient entre la division du comte *d'Erlon* et les deux escadrons de réserve.

La division du comte *d'Erlon* engagea un feu très-vif de mousqueterie avec la garde russe. Bientôt l'infanterie marche au pas de charge; les grenadiers et les chasseurs de la garde chargent l'ennemi; en un instant le champ de bataille est couvert de morts et de blessés. Vainement le prince *Repnin* accourt avec les chevaliers de la garde pour rétablir l'affaire, il est lui-même blessé et fait prisonnier; infanterie et cavalerie fuient pêle-mêle, dépassent dans le plus grand désordre le ruisseau de Krzenowitz. Le 27e régiment entre avec l'ennemi dans le village et s'en rend maître.

Le prince *Repnin*, un grand nombre d'officiers de distinction et quatorze pièces de canon restent en notre pouvoir.

Couvert de son sang et de celui de l'ennemi, le comte *Rapp* vient donner à l'EMPEREUR les dé-

tails de cette action, et lui présente le prince
Repnin, commandant les chevaliers de la garde
impériale de Russie, et quelques-uns des prisonniers les plus distingués. L'un d'eux, officier
d'artillerie, se jette au-devant de son cheval et in-
voque la mort : « Je suis indigne de vivre, s'écria-
» t-il, j'ai perdu mes canons. » — « Jeune homme,
» lui répond avec bonté l'Empereur, j'apprécie
» vos larmes ; mais on peut être battu par mon
» armée et avoir encore des titres à la gloire. »

Ainsi une seule charge de la garde impériale et
la fusillade de la division du comte *d'Erlon* ren-
dirent inutile cette tentative des Russes, qui était
leur seule ressource. Dans la situation de la journée, dans la position qu'occupaient le prince *de
Ponte-Corvo* et la réserve, l'ennemi n'aurait pas
rouvert la communication avec sa gauche, quand
il aurait eu quarante mille hommes de troupes
fraîches.

Dès ce moment l'ennemi n'eut plus aucune espérance et ne tenta plus aucune attaque importante ; le feu se soutint cependant encore plusieurs
heures à l'extrémité de la gauche de l'ennemi.

Ces corps, cernés de tous côtés dans les bas-
fonds, se battaient pour disputer leur vie ou cher-
cher une retraite ; mais ils ne se battaient plus
pour la victoire. Jamais plus belle journée ne fut
décidée en moins de temps. On se battit le reste
du jour ; mais on peut appeler les divers combats
qui eurent lieu des combats particuliers de brigade à brigade, de régiment à régiment. C'était la

résistance de braves troupes qui ne voulaient point céder sans se battre, mais qui sentaient que depuis longtemps la victoire était décidée.

Il était à peine une heure, et déjà le combat avait cessé au centre et à la gauche ; toutes les hauteurs de la maison de poste et de Pratzen étaient en notre pouvoir, avec les bagages, l'artillerie et un grand nombre de prisonniers. Les villages seuls de Telnitz et de Sokolnitz étaient encore à l'ennemi.

La victoire, décidée depuis longtemps, n'avait pas été un moment douteuse ; pas un homme de la réserve n'avait été nécessaire et n'avait paru au combat ; pas un corps n'avait fait un mouvement rétrograde ; aussi l'EMPEREUR disait-il : « J'ai » donné trente batailles comme celle-ci ; mais je » n'en ai vu aucune où la victoire ait été aussi » prononcée et les destins si peu balancés. » La garde à pied de l'EMPEREUR, qui n'avait pu donner, en pleurait de rage, et demandait avec instance à se battre. « Réjouissez-vous, lui dit l'EMPEREUR ; » vous devez donner en réserve : tant mieux, si » l'on n'a pas besoin de vous aujourd'hui. »

Le comte *d'Unsenbourg* avait rejoint le comte *Saint-Hilaire*, et tout le corps d'armée du duc *de Dalmatie* était réuni sur les hauteurs de Pratzen, excepté la brigade du baron *Merle*, qui combattait avec la division du comte *Friant* de l'autre côté de Telnitz.

Le duc *de Dalmatie* fait alors descendre sur le mamelon Saint-Antoine la division du comte *Saint-*

Hilaire, et envoie un bataillon du 28ᵉ sur la route d'Augezd à Hostieradeck, pour intercepter cette retraite à l'ennemi.

La première colonne, renforcée des débris des 3ᵉ et 4ᵉ, était formée dans les vignes, au bas d'Augezd et en avant de Sokolnitz ; elle couvrait une partie des parcs d'artillerie de l'armée, et voulut charger la division du comte *Saint-Hilaire ;* elle gravissait déjà le coteau, quand la division du comte *d'Unsenbourg* arriva. Le baron *Ferrey* marche aussitôt à sa rencontre. En même temps le comte *Saint-Hilaire* et le baron *Levasseur* descendent sur cette ligne, qui fait d'abord un mouvement sur Kobelnitz, et bientôt, par la droite, effectue sa retraite sur Telnitz.

Cependant l'Empereur, aussitôt après la déroute de la garde russe, avait laissé le corps du prince de *Ponte-Corvo* en position sur les hauteurs de Krzenovitz, et avait fait avancer à grands pas la division de grenadiers de sa garde pour terminer le combat à la droite, le seul point où l'ennemi se défendait encore. Son opiniâtreté à Telnitz et à Sokolnitz assurait sa perte.

Il était deux heures, lorsque l'Empereur arriva avec sa garde et la réserve des grenadiers sur les hauteurs au-dessus d'Augezd.

Il laisse les grenadiers du duc *de Reggio* sur les hauteurs de Pratzen, occupe avec sa garde la hauteur de la chapelle Saint-Antoine, fait marcher le corps du duc *de Dalmatie* pour achever de détruire l'aile gauche des ennemis, et le fait soutenir par la cavalerie, avec la moitié de l'infanterie de sa garde; il envoie le duc *de Frioul* avec ses grenadiers du côté de Kobelnitz, pour couper toute retraite à l'ennemi.

Il ordonne au prince *de Neufchâtel et de Wagram* de se rendre à la droite : « Voyez, lui dit-il, » ce que c'est encore que cette canonnade avec » ce feu de mousqueterie, et faites que cela » finisse. »

Les deux colonnes qui se trouvaient sur Sokolnitz avaient persisté à suivre le premier projet de se porter sur Brünn par Schlapanitz et Turas. Depuis le matin les divisions des comtes *Le Grand* et *Friant* soutenaient sur ce point un combat que le nombre de l'ennemi rendait très-inégal.

La brigade du baron *Kister* était débordée par sa gauche, lorsque le comte *Friant*, faisant faire très-à-propos un changement de front au 33ᵉ régiment, rallia ses trois brigades, et se précipita sur l'ennemi au moment où le comte *Saint-Hilaire* faisait attaquer le château de Sokolnitz par le 36ᵉ régiment. Pendant ce temps, le 14ᵉ régiment tournait le village par la gauche, et le comte *Morand*, avec le 10ᵉ d'infanterie légère et le 43ᵉ de ligne, se portait de l'autre côté du village par la digue des étangs de droite, pour couper toute retraite à l'ennemi.

Le général *Thiébault* venait d'être blessé. Le comte *Saint-Hilaire*, oubliant qu'il l'était aussi depuis le commencement de l'action, se trouvait à la tête de l'attaque. Fort de sa position, l'ennemi défend le château avec opiniâtreté; mais il cède enfin à la valeur du 36°, qui, poursuivant ses succès malgré la perte considérable qu'il venait d'essuyer, va se réunir au 33° et au 111°. Ces trois régiments le chargent en même temps, l'enfoncent et le taillent en pièces; en un instant la plaine est jonchée de morts et de blessés ; le carnage semble redoubler de fureur, et cinq mille hommes sont égorgés ou pris dans ces défilés. L'artillerie et les caissons tombent en notre pouvoir. Le général *Wimpfen* se rend à un détachement commandé par le lieutenant baron *Sopransi* (1).

Une colonne ennemie de trois mille hommes, ayant à sa tête trois généraux, avait débouché de Sokolnitz et dépassé la gauche du comte *Le Grand*. La cavalerie légère du quatrième corps d'armée aperçoit cette colonne. Le baron *Franceschi* venait d'arriver avec le 8° hussards, après avoir fait une marche forcée pour se trouver à la bataille. Il charge de front sans prendre haleine, et saisissant le général qui commandait cette ligne, il le somme de se rendre avec sa troupe : tous à l'instant mettent bas les armes. Les 11° et 26° chasseurs avaient manœuvré pour prendre cette colonne en flanc ; mais le 8° hussards les prévint contre toute attente.

Le comte *Le Grand*, placé pendant toute la journée à un poste très-difficile, avait, par son sang-froid, sa valeur et ses manœuvres, obligé une

____

(1) Du 1er régiment de dragons.

colonne de douze cents hommes, qui avait déjà atteint Kobelnitz, à se jeter dans les marais, où elle fut noyée en grande partie. Le reste, en cherchant à gagner Schlapanitz, fut fait prisonnier.

La brigade de grenadiers commandée par le comte *Dupas*, sous les ordres du duc *de Frioul*, arrivait sur le ruisseau ; elle y manœuvra de manière à serrer et à tourner un corps de cinq mille hommes que poursuivaient le 10e d'infanterie légère et le 43e de ligne, commandés par le comte *Morand*, et lui fit rendre les armes.

Les troupes qui avaient été dirigées sur la droite, devenant alors en partie inutiles, la brigade du baron *Ferrey* reçut ordre de se porter rapidement à la gauche pour seconder l'attaque que dirigeait le comte *d'Unsenbourg*, sur les hauteurs entre Augezd et Telnitz. L'ennemi venait d'y réunir le reste de ses forces, tant en infanterie qu'en cavalerie, et avait pour les soutenir un parc de trente-six pièces de canon qui vomissaient depuis une demi-heure le feu le plus terrible.

Au même instant, l'EMPEREUR envoie quelques escadrons et l'artillerie de sa garde sur le flanc droit de l'ennemi, pour le resserrer entre les étangs.

Les Russes veulent hâter leur retraite ; mais il ne leur restait que la digue entre les lacs pour l'effectuer. L'armée française, appuyée aux lacs par ses deux ailes, près d'Augezd et Menitz, était maîtresse de tous les débouchés, et l'ennemi, cerné de toutes parts, présente bientôt un horrible spectacle ; il espère se sauver sur les étangs glacés ; plusieurs milliers d'hommes, trente-six pièces de canon, une quantité de caissons et de chevaux s'engagent sur ces étangs. Les vingt-quatre pièces d'artillerie de la garde brisent la glace et vomissent la mort. Des colonnes entières sont englouties, et du milieu de ces lacs immenses on entend s'élever les cris de plusieurs milliers d'hommes qu'on ne peut secourir. Tout ce qui se trouvait le plus près de la digue défend ce passage en hommes désespérés, et place ce qui restait d'artillerie sur la hauteur qui couvre la tête de la digue ; la cavalerie du général *Kienmayer* la soutient pour donner le temps à l'infanterie de se rallier.

Le comte *Gardanne*, aide-de-camp de l'Empereur, fait plusieurs charges avec une division de dragons, déjà fatiguée du service de la nuit et des combats de la journée. Dans un mouvement rétrograde, lorsque la cavalerie ennemie s'avançait à sa poursuite, le chef d'escadron *Digeon*, avec six pièces d'artillerie de la garde, chargées à mitraille, rompt les escadrons ennemis. Les trois divisions du duc *de Dalmatie* arrivent bientôt et s'avancent au pas de charge. La cavalerie autrichienne veut arrêter leur marche ; mais deux escadrons de la garde, réunis aux dragons, la culbutent.

La hauteur et l'artillerie qui la défendait, dernier espoir de l'ennemi, sont emportées. La hauteur est garnie de l'artillerie française. Les débris de l'armée se jettent dans les étangs ou fuient vers Menitz, déjà occupé par le comte *Friant.* Sans ressource, sans retraite, foudroyés par l'artillerie de la garde, ces malheureux, saisis d'épouvante, se jettent sur les glaces, et presque tous y trouvent la mort.

Le soleil achevait alors sa carrière, et ses derniers rayons, réfléchis par la glace, vinrent éclairer cette scène d'horreur et de désespoir. C'est ainsi qu'on avait vu dans la journée d'Aboukir dix-huit mille Turcs, poursuivis par le vainqueur, se jeter à la mer et s'y engloutir.

Il ne restait plus que quelques débris qui s'étaient échappés par les digues. L'EMPEREUR, toujours infatigable, aussi ardent à compléter la défaite qu'à fixer la victoire, ordonne au duc *d'Abrantès*, son premier aide-de-camp, qui arrivait de Lisbonne, de poursuivre l'ennemi à la tête d'une division de dragons, tandis que deux escadrons de la garde, commandés par le major *Dallemagne*, tournaient les étangs au-dessus de Menitz; on fit encore deux mille prisonniers; on prit plusieurs drapeaux et onze pièces de canon; le reste ne dut son salut qu'à la nuit.

L'ennemi perdit dans cette journée huit mille hommes tués, quinze mille blessés, vingt-trois mille prisonniers, dont deux cent soixante-treize officiers, dix colonels et huit généraux, cent quatre-vingts pièces de canon, dont cent quarante-trois russes, cent cinquante caissons, enfin plus de cinquante drapeaux.

L'armée française eut quinze cents hommes tués sur le champ de bataille et quatre mille blessés, dont neuf officiers généraux ; elle perdit si peu de prisonniers, que l'ennemi, ne jugeant pas à propos de les garder, les renvoya le lendemain.

Le général *Valhubert*, mort des suites de sa blessure, écrivit à l'EMPEREUR une heure avant de mourir : « J'aurais voulu faire plus pour vous ; je » meurs dans une heure. Je ne regrette pas la » vie, parce que j'ai participé à une victoire qui » vous assure un règne heureux. Quand vous » songerez aux braves qui vous étaient dévoués, » pensez à ma mémoire. Il me suffit de vous dire » que j'ai une famille ; je n'ai pas besoin de vous » la recommander (1). »

Le comte *Saint-Hilaire*, blessé au commencement de l'action, resta toute la journée sur le champ de bataille, et se couvrit de gloire (2). Les généraux de division *Kellermann* et comte *Walther*, les généraux de brigade *Thiébault*,

---

(1) L'Empereur n'oublia pas cette prière, il accorda une pension à sa sœur.

Le général Roger-Valhubert fut inhumé sur le champ de bataille ; quelque temps après, la France fit élever un monument sur sa tombe, et lorsque les troupes autrichiennes viennent à défiler devant lui, elles lui rendent les honneurs militaires. Une statue du général décore une des places d'Avranches, sa ville natale ; l'inauguration en eut lieu le 16 septembre 1832. Inscrit au côté Est de l'Arc de triomphe.

Par un décret rendu peu de jours après la bataille, l'Empereur prescrivit que les nouvelles voies que l'on allait ouvrir aux abords du Jardin des plantes prendraient les noms des généraux et colonels tués à Austerlitz. Elles portent encore aujourd'hui ces noms glorieux.

(2) Le général comte Saint-Hilaire, frappé mortellement à Essling, fut inhumé au Panthéon. Son nom est inscrit au côté Sud de l'Arc de triomphe.

comte *Sébastiani*, *Dumont*, *Marizy*, les comtes *Compans* et *Rapp*, aides de camp de l'EMPEREUR, furent blessés. C'est ce dernier qui, en chargeant à la tête des grenadiers de la garde, avait pris le prince *Repnin*, commandant les chevaliers de la garde impériale russe.

La garde eut à regretter le colonel des chasseurs à cheval, *Morland*, tué d'un coup de mitraille en chargeant l'artillerie de la garde impériale russe.

Le colonel *Mazas*, du 14ᵉ de ligne, fut tué, ainsi que le chef d'escadron *Chaloppin*, aide de camp du prince *de Ponte-Corvo*, et plusieurs autres colonels et chefs de bataillon.

Le colonel *Corbineau*, écuyer de l'Impératrice, commandant le 5ᵉ régiment de chasseurs à cheval, eut quatre chevaux tués; au cinquième, il fut blessé lui-même en enlevant un drapeau.

Le comte *Friant* eut quatre chevaux tués sous lui. Les colonels baron *Conroux* et *Dumoutier* se firent remarquer.

Lebas, chasseur au 10ᵉ d'infanterie légère, a le bras gauche emporté par un boulet de canon. « Aide-moi, dit-il à son camarade, à ôter mon « sac, et cours me venger. » Il met ensuite son sac sous le bras droit et marche vers l'ambulance (1).

---

(1) Il est mort le 13 mars 1806 à l'hôpital de Brünn des suites de sa blessure.

Le général *Thiébault*, dangereusement blessé(1), était transporté par quatre prisonniers russes, six Français blessés l'aperçoivent, écartent les prisonniers russes, et saisissent le brancard en disant : « C'est à nous seuls qu'appartient l'honneur « de porter un général français ! »

Les traits de courage furent si nombreux, qu'au moment où le rapport s'en faisait à l'EMPEREUR, il dit : « Il me faut toute ma puissance pour récom- « penser dignement tous ces braves gens. »

Les colonels *Lacour*, du 5ᵉ dragons, le baron *Digeon*, du 26ᵉ chasseurs, le baron *Bessières*, du 11ᵉ chasseurs, frère du duc *d'Istrie*; le baron *Gérard* (2), colonel aide de camp du prince *de Ponte-Corvo*, *Marès*, colonel aide de camp du prince *d'Eckmühl*, furent blessés.

Les chefs de bataillon *Perrier*, du 36ᵉ régiment d'infanterie de ligne, *Guye*, du 4ᵉ de ligne, le baron *Schwite*, du 57ᵉ de ligne; les chefs d'escadrons *Grumblot*, du 2ᵉ régiment de carabiniers, *Didelot*, du 9ᵉ dragons, *Boudichon*, du 4ᵉ hussards ; le chef de bataillon du génie *Abrissot;* les chefs de bataillon *Babin* et *Mobilliard*, du 55ᵉ de ligne, *Proffil*, du 43ᵉ, et les chefs d'escadrons *Trévilli*, du 26ᵉ chasseurs, et *David*, du 2ᵉ hussards; les chefs d'escadrons des chasseurs de la garde im-

______

(1) D'un coup de feu qui lui fracassa le bras droit. Figure au côté Ouest de l'Arc de triomphe. C'est l'auteur du *Manuel des états-majors.*

(2) Gérard (Maurice-Etienne, baron, puis comte). Maréchal de France le 17 août 1830. Commandant en chef l'armée du Nord en 1831. A été Ministre de la guerre et Grand-Chancelier de la Légion d'honneur. Décédé en 1852. Inscrit au côté Est de l'Arc de triomphe.

périale, *Bayermann, Bohn* et *Thierry*, furent aussi blessés.

Le capitaine *Thervi,* des chasseurs à cheval de la garde, est mort des suites de ses blessures.

Le capitaine *Geist,* les lieutenans *Bureau,* baron *Barbanègre, Guyot, Fournier, Adet, Bayeux* et *Beuno* des chasseurs à cheval de la garde, et les lieutenans *Ménuyer* et *Rollet,* des grenadiers à cheval de la garde, reçurent aussi des blessures.

Les voltigeurs rivalisèrent avec les grenadiers. On citerait le 43e, le 55e, le 14e, le 36e, le 40e, le 17e et les bataillons des tirailleurs corses et du Pô, si l'on pouvait nommer quelques corps; mais ce serait une injustice pour les autres : tous ont fait des prodiges; il n'y avait pas un officier, pas un général, pas un soldat, qui ne fût décidé à vaincre ou à mourir.

La cavalerie française se montra avec supériorité.

Les soldats du train méritent les éloges de l'armée. L'artillerie fit un mal épouvantable à l'ennemi. Quand on en rendit compte à l'EMPEEUR, il dit : « Ces succès me font plaisir; car je » n'oublie pas que c'est dans ce corps que j'ai » commencé ma carrière militaire. »

Ainsi éclata ce coup de foudre, si souvent prédit par l'EMPEREUR, pour la fin de cette immortelle campagne. Ainsi finit cette journée mémorable, que le soldat se plaît à nommer *la journée de l'Anniversaire,* que d'autres ont nommé la *ba-*

taille des trois Empereurs, et que NAPOLÉON a désignée sous le nom de *bataille d'Austerlitz.*

C'est aux confins de la Hongrie, de la Pologne, de la Silésie, de la Bohême, dans les champs de la Moravie, où, des deux extrémités du monde, se trouvaient réunis le sauvage du Kamtchatka et l'habitant du Finistère, que la destinée avait marqué le terme de cette supériorité de l'infanterie russe, trop longtemps et trop facilement établie; de ce prestige d'une puissance militaire née subitement dans le siècle dernier; de cette influence politique usurpée sur l'Europe, et désormais renfermée dans les bornes fixées par l'intérêt des peuples et de la civilisation : c'est là que l'armée française, célébrant l'anniversaire du jour où la France reconnaissante avait décerné à NAPOLÉON le diadème impérial, voulut ceindre son auguste front de la couronne du triomphateur.

CINQUIÈME PARTIE.

Mouvemens depuis la Bataille d'Austerlitz jusqu'à l'Armistice.

Le soir de la journée, et pendant plusieurs heures de la nuit, l'EMPEREUR parcourut le champ de bataille et fit enlever les blessés : spectacle horrible, s'il en fut jamais. L'EMPEREUR, monté sur des chevaux très-vites, passait avec la rapidité de l'éclair, et rien n'était plus touchant que de voir ces braves gens le reconnaître sur-le-champ. Les uns, oubliant leurs souffrances, disaient : « Au moins la victoire est-elle bien assurée. » Un autre : « Je souffre depuis huit heures, et, depuis » le commencement de la bataille, je suis aban- » donné; mais j'ai bien fait mon devoir. » Un troisième : « Vous devez être content de vos sol- » dats aujourd'hui. » A chaque soldat blessé, l'EMPEREUR laissait un garde qui le faisait trans- porter dans les ambulances. Il est horrible de le dire : quarante-huit heures après la bataille, il y avait encore un grand nombre de Russes qu'on n'avait pu panser. Tous les Français le furent avant la nuit.

Rien n'égalait la gaieté des soldats français à leur bivouac. A peine apercevaient-ils un officier de l'EMPEREUR, qu'ils lui criaient : « L'EMPEREUR » est-il content de nous ? »

Le soir, l'armée française prit position sur le champ de bataille : le corps du duc *de Montebello* en avant de la maison de poste; l'avant-garde du Roi de Naples à Rausnitz; le corps du prince *de Ponte-Corvo* sur les hauteurs de Krzenovitz ; la garde de la réserve sur les hauteurs vis-à-vis Nusle et Hostieradeck; la division du comte *Saint-Hilaire* en avant de la digue de l'étang; les deux autres divisions du duc *de Dalmatie* en arrière, la gauche à Augezd, la droite à Menitz; enfin la division du comte *Friant* entre Menitz et Lautschitz, pour le rapprocher des autres divisions du prince *d'Eckmühl*, restées à Nicolsbourg, et marcher avec elles sur Göding.

L'EMPEREUR établit son quartier général à l'auberge près la maison de poste de *Pozorzitzer*.

Les débris de l'armée russe passèrent la nuit la plus affreuse. A la journée du 30 novembre, à celle même de la bataille, qui avaient été superbes, avait tout-à-coup succédé un brouillard qui, vers minuit, se fondit en neige et en eau, et rendit les chemins presque impraticables.

Les deux Empereurs avaient quitté Austerlitz; ils s'étaient portés sur la route de Hongrie; mais ils ne se dissimulèrent point qu'ils étaient séparés de leurs bagages et de leurs hôpitaux; qu'ils avaient perdu leur ligne d'opérations ; qu'ils prêtaient le flanc à l'armée française, et qu'elle serait arrivée avant eux à Holitsch et à Göding. Ils n'avaient même plus d'armée; ce n'était qu'un amas confus de fuyards, d'hommes sans armes, sans fusils, sans bagages et sans subsistances.

Dans cette angoisse, les deux Empereurs conviennent d'avoir recours au vainqueur, de demander un armistice et de jurer la paix, seul moyen de conserver encore ce qui restait de l'armée des deux plus grands empires du monde.

Le prince *de Lichtenstein,* aussi distingué par ses qualités civiques que par ses vertus guerrières, qui s'était toujours opposé à la guerre, qui n'avait jamais fait entendre au trône que des conseils sages, se propose pour aller trouver l'Empereur. A minuit, il vint aux avant-postes; il eut une conférence fort longue avec Napoléon, qui consentit enfin, non sans beaucoup de peine, à une entrevue avec l'Empereur d'Allemagne. Lorsque l'Empereur y eut consenti, et que le prince *de Lichtenstein* eut déjeûné avec lui, il le congédia. « Vous
» me faites faire une grande faute, lui dit l'Empe-
» reur : ce n'est pas après des batailles qu'il faut
» avoir des conférences; je ne devrais être que
» soldat aujourd'hui, et je ne me dissimule pas
» que, comme tel, je ne devrais que poursuivre
» une victoire, et non pas écouter des paroles de
» paix. » — « Votre Majesté, lui répliqua le prince,
» n'a plus rien à conquérir; la bataille est si com-
» plète, qu'elle ne peut rien y ajouter : la paix
» seule peut ajouter à sa gloire. »

Cependant l'Empereur donna des directions de marche ; il ordonna au prince *d'Eckmühl* de se porter sur Göding avec les corps qu'il avait à Nicolsbourg, et qui n'avaient pas encore combattu, et d'intercepter toute retraite à l'ennemi.

Il fit porter le corps du duc *de Dalmatie* sur la route d'Auspitz, les corps du prince *de Ponte-Corvo* et du duc *de Montebello* sur celle d'Austerlitz à Göding. Le Roi de Naples, avec la plus grande partie de sa cavalerie, suivit cette route.

Le comte *de Nansouty*, avec sa division de cavalerie, se porta sur la grande route d'Olmütz, et prit une immense quantité de chariots et de bagages de toute espèce.

L'EMPEREUR envoya le comte *Bertrand*, son aide de camp, avec les escadrons de sa garde, sur la route de Kremsier, où il s'empara de dix-neuf pièces de canon, d'une grande quantité de caissons et de bagages escortés par des cosaques.

Un autre détachement se porta sur Hradisch, et ramassa beaucoup de bagages et de prisonniers.

Le 4, eut lieu l'entrevue des deux EMPEREURS. Les avant-postes du prince *d'Eckmühl* culbutèrent la tête de l'avant-garde du général *Merfeld*, et menaçaient d'attaquer l'armée russe et d'empêcher sa retraite. Le général autrichien protesta qu'il y avait un armistice, et que les deux EMPEREURS étaient en conférence. Le prince *d'Eckmühl* suspendit toute attaque, sur l'assurance que donna l'Empereur *Alexandre*, qui écrivit de sa propre main, que les deux EMPEREURS étaient en conférence pour tout terminer.

Pressée en queue par le corps du prince *de Ponte-Corvo*, sur son flanc gauche par le Roi de

Naples, et prévenue à Gôding par le prince *d'Eck-mühl* et le duc *de Dalmatie*, l'armée russe se trouva, le 4, enveloppée de manière à ne pouvoir plus faire de retraite.

L'armistice, conclu le 5 décembre par le prince *de Neufchâtel et de Wagram* et le prince *de Lichtenstein*, termina la campagne, et permit aux débris de l'armée russe de rejoindre leur frontière par marches d'étape, sur trois colonnes.

La paix fut signée à Presbourg le 26 décembre 1805.

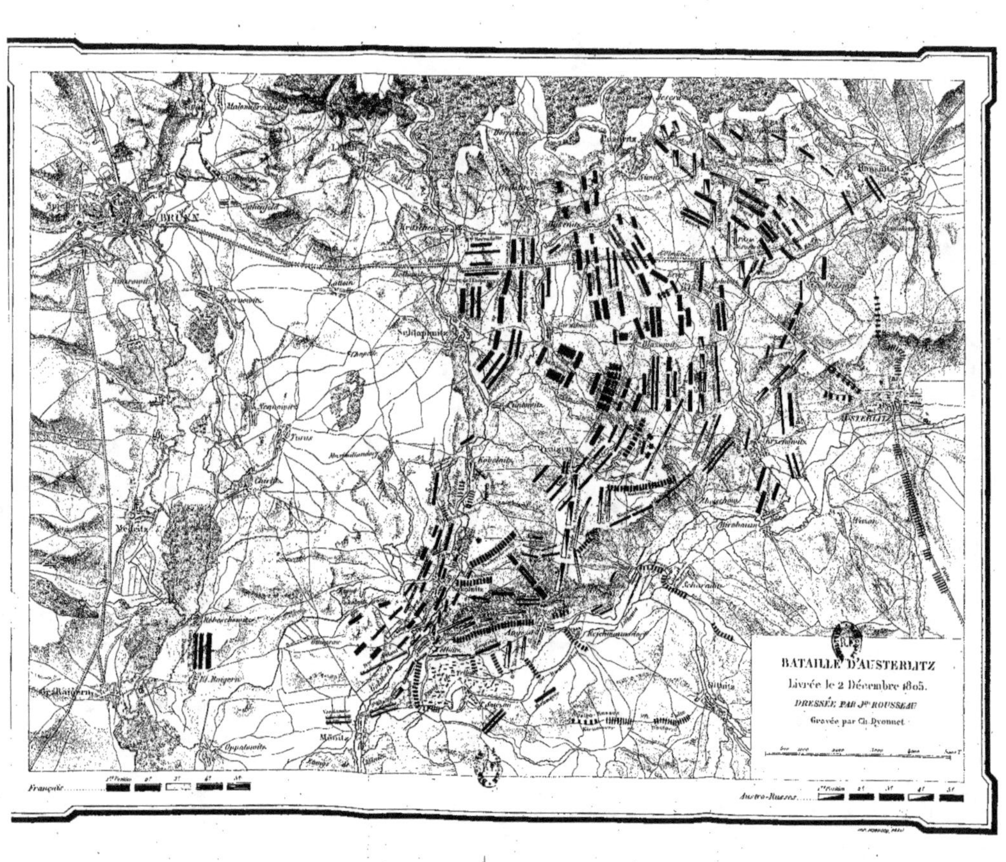

BATAILLE D'AUSTERLITZ
Livrée le 2 Décembre 1805.
DRESSÉE PAR Jn ROUSSEAU
Gravée par Ch. Dyonnet
BRÜNN
AUSTERLITZ
Française
Austro-Russes

PROCLAMATION

Je suis content de vous; vous avez, à la journée d'Austerlitz, justifié tout ce que j'attendais de votre intrépidité.
Vous avez décoré vos aigles d'une immortelle gloire. Une
armée de 100,000 hommes, commandée par les Empereurs
de Russie et d'Autriche, a été, en moins de quatre heures,
coupée ou dispersée; ce qui a échappé à votre fer, s'est
noyé dans les lacs.

Quarante drapeaux, les étendards de la garde impériale
de Russie, 120 pièces de canon (1), 20 généraux, plus de
30 mille prisonniers, sont le résultat de cette journée à
jamais célèbre. Cette infanterie tant vantée, et en nombre
supérieur, n'a pu résister à votre choc, et désormais, vous
n'avez plus de rivaux à redouter. Ainsi, en deux mois,
cette troisième coalition a été vaincue et dissoute. La paix
ne peut plus être éloignée; mais, comme je l'ai promis à
mon peuple avant de passer le Rhin, je ne ferai qu'une
paix qui nous donne des garanties, et assure des récom-
penses à nos alliés.

Soldats, lorsque le Peuple français plaça sur ma tête la
couronne impériale, je me confiai à vous pour la maintenir
toujours dans ce haut éclat de gloire qui seul pouvait lui
donner du prix à mes yeux; mais dans le même moment

---

(1) Qui ont servi à ériger la colonne Vendôme.

nos ennemis pensaient à la détruire et à l'avilir ; et cette couronne de fer conquise par le sang de tant de Français, ils voulaient m'obliger à la placer sur la tête de nos plus cruels ennemis ; projets téméraires et insensés que le jour même de l'anniversaire du couronnement de votre Empereur, vous avez anéantis et confondus. Vous leur avez appris qu'il est plus facile de nous braver et de nous menacer que de nous vaincre.

Soldats, lorsque tout ce qui est nécessaire pour assurer le bonheur et la prospérité de notre patrie sera accompli, je vous ramènerai en France. Là, vous serez l'objet de mes plus tendres sollicitudes ; mon peuple vous recevra avec joie ; et il vous suffira de dire : *J'étais à Austerlitz*, pour que l'on réponde : *Voilà un brave !*

NAPOLÉON.

De notre Camp impérial d'Austerlitz,
le 12 Frimaire an 14.

Par ordre de l'Empereur :

Le Major Général,

M^{al} BERTHIER.

Nota. — L'original de cette proclamation, écrite sous la dictée de l'Empereur immédiatement après la bataille, est signé « *Napoléon* » et ne porte aucune correction.

ÉTAT-MAJOR GÉNÉRAL

Au Quartier général impérial à Brünn, le 17 Frimaire an 14.

ORDRE DU JOUR

De notre Camp impérial d'Austerlitz, le 16 Frimaire an 14.

NAPOLÉON, Empereur des Français, Roi d'Italie, avons décrété et décrétons ce qui suit :

ARTICLE PREMIER.

Les veuves des Généraux morts à la bataille d'Austerlitz jouiront d'une pension de six mille francs leur vie durant; les veuves des Colonels et des Majors, d'une pension de deux mille quatre cents francs; les veuves des Capitaines, d'une pension de douze cents francs; les veuves des Lieutenants et des Sous-Lieutenants, d'une pension de huit cents francs; les veuves des Soldats, d'une pension de deux cents francs.

ARTICLE II.

Notre Ministre de la Guerre est chargé de l'exécution du présent décret, qui sera mis à l'ordre du jour de l'armée et inséré au *Bulletin des lois.*

NAPOLÉON.

De notre Camp impérial d'Austerlitz, le 16 Frimaire an 14.

NAPOLÉON, Empereur des Français, Roi d'Italie, avons décrété et décrétons ce qui suit :

ARTICLE PREMIER.

Nous adoptons tous les enfants des Généraux, Officiers et Soldats français morts à la bataille d'Austerlitz.

ARTICLE II.

Ils seront tous entretenus et élevés à nos frais, les garçons dans notre palais impérial de Rambouillet et les filles dans notre palais impérial de Saint-Germain.

ARTICLE III.

Indépendamment de leurs noms de baptême et de famille, ils auront le droit d'y joindre celui de Napoléon.

ARTICLE IV.

Notre Grand Maréchal du palais et notre Intendant Général de la Couronne sont chargés de l'exécution du présent décret, qui sera mis à l'ordre du jour de l'armée et inséré au *Bulletin des lois*.

NAPOLÉON.

Par ordre de l'Empereur :

Le Major Général,

M^{al} BERTHIER.

L'ARMÉE DES COTES DE L'OCÉAN

ET COMPRENANT

les corps d'avant-garde (LANNES),

de droite (d'AVOUST), du centre (SOULT) et de gauche (NEY)

PREND LA DÉNOMINATION DE

GRANDE ARMÉE

LE 29 AOUT 1805

GRANDE ARMÉE

(2 DÉCEMBRE 1805)

Les 1er, 3e, 4e et 5e corps, la réserve de cavalerie et la Garde impériale ont seuls combattu.

S. M. l'EMPEREUR et ROI, *commandant en personne.*

S. A. S. le Prince JOACHIM MURAT, grand-amiral de France, maréchal de l'Empire, sénateur, lieutenant de l'Empereur, *commandant en l'absence de* SA MAJESTÉ.

ÉTAT-MAJOR GÉNÉRAL.

BERTHIER (Alex.), maréchal de l'Empire, ministre de la guerre, grand veneur, *major général;*

PANNETIER (C.-J.); REILLE (H.-C.-M.-J.); RENÉ (J.-G.-P.), généraux de brigade, *employés près le major général;*

D'ANDRÉOSSY (A.-F.), général de division, inspecteur général d'artillerie, *aide-major général chef d'état-major général;*

DUMAS (Mathieu), général de division, conseiller d'État, *aide-major général, maréchal des logis chargé des camps, marches et cantonnements;*

SANSON (N.-A.), général de brigade, directeur du dépôt général de la guerre, *aide-major général, directeur du service topographique et historique des opérations militaires;*

WOLFF (G.-J.), colonel de cavalerie, *vaguemestre général;*

LAUER (J.), colonel de gendarmerie, *chef de la force publique, chargé de la police du grand quartier général;*

7

Songis (N.-M.), général de division, premier inspecteur généra
  d'artillerie, *commandant l'artillerie de l'armée;*

Pernety (J.-M.) général de brigade, *chef d'état-major;*

Hanicque (A.-A.), général de brigade, *commandant l'artillerie du
  grand quartier général;*

De Saint-Laurent (L.-J.-A.-G.), général de brigade, *directeur
  général du grand parc général d'artillerie.* — 4,003 hommes.

Valée (S.-C.), major d'artillerie, *inspecteur général du train;*

Vermot (A.-S.), colonel, *Directeur du parc de campagne:*

Bouchu (F.-), colonel, *directeur des équipages de pont;*

Marescot (A.-S.), général de division, premier inspecteur général du génie, *commandant le génie de l'armée;*

De Léry (F.-J.), général de division, inspecteur général du
  génie, *adjoint au commandant du génie;*

D'Andréossy (V.-A.) général de brigade, inspecteur général du
  génie, *commandant le génie du grand quartier général.*

AIDES DE CAMP DE L'EMPEREUR.

Junot (J.-A.), général de division, colonel-général des hussards :

De Lauriston (J.-A.-B.), général de brigade;

Le Marois (J.-L.-F.), général de brigade;

Savary (A.-J.-M.-R.), général de brigade, commandant la gendarmerie de la Maison de l'Empereur;

Rapp (J.), général de brigade;

Lebrun (A.-C.), colonel de cavalerie.

ADMINISTRATION GÉNERALE.

Petiet (C.), Conseiller d'État, *intendant général;*

De Villemanzy (J.-P.), *inspecteur en chef aux revues;*

Lombart (A.-J.), *commissaire ordonnateur en chef;*

Sivry, *payeur général;*

Coste (J.-F.), inspecteur du service de santé, *premier médecin
  de l'armée;*

Percy (P.-F.), inspecteur du service de santé, *chirurgien en chef;*

Bruloy (S.-J.), inspecteur du service de santé, *pharmacien en chef;*

Deniot (C.-F.) et Bagieu (C.-J.), *régisseurs du service des vivres-pain;*

Valette (E.), *régisseur du service des vivres-viande;*

Lonnoy (J.-A.), *régisseur du service des fourrages, chauffage et lumières;*

Riccé (G.), *inspecteur général du service de l'habillement et du campement;*

Julliac, *directeur en chef de la poste aux lettres;*

Chappe, *directeur du service télégraphique;*

N..., *directeur de l'imprimerie.*

GARDE IMPÉRIALE ET ROYALE.

(5,373 hommes.)

BESSIÈRES (J.-B.), maréchal de l'Empire, *commandant en chef;*
ROUSSEL (F.-X.), général de brigade, *chef d'état-major général;*
COUIN (J.-C.), colonel, *commandant l'artillerie;*
DE POMMEREUL (G.-A.-F.-Z.), capitaine, *directeur du parc d'ar-
   tillerie;*
BOISSONNET (A.-B.), chef de bataillon, *commandant le génie;*
CHADELAS (J.-C.), *inspecteur aux revues;*
LARREY (D.-J.), inspecteur du service de santé, *chirurgien en chef.*

Infanterie.

Grenadiers à pied : HULIN (P.-A.), général de brigade, *colonel* ;
Chasseurs à pied : SOULÈS (J.), général de brigade, *colonel;*
Grenadiers de la Garde royale italienne : LECCHI, *colonel.*

Cavalerie.

Grenadiers à cheval : ORDENER (M.), général de brigade, *colonel;*
Chasseurs à cheval : DE MORLAND (F.-L.), major, *commandant en
   l'absence du prince Eugène.*

Gendarmerie d'élite : SAVARY (A.-J.-M.-R.), général de brigade,
   aide de camp de l'Empereur, *commandant.*

Artillerie : COUIN (J.-C.), *colonel;*
Train d'artillerie : DEVARENNE (E.), *capitaine-commandant.*

PREMIER CORPS.

(13,080 hommes.)

De Bernadotte (J.), maréchal de l'Empire, *commandant en chef*;
Berthier (V.-L.), général de division, *chef d'état-major général*;
Eblé (J.-B.), général de division, inspecteur général d'artillerie,
commandant l'artillerie;
Humbert (J.-N.), colonel, *directeur du parc d'artillerie*;
Morio (J.-A.), colonel, *commandant le génie*;
Lalance (A.), *inspecteur aux revues*.

Division d'avant-garde.

De Kellermann (F.-E.), général de division;
Frère (B.-G.-F,); Picard (J., Denis *dit*), généraux de brigade.—
27ᵉ léger, 4ᵉ et 5ᵉ hussards.

1ʳᵉ division.

Rivaud de La Raffinière (O.-M.), général de division;
Dumoulins (C.); Pacthod (M.-M.), généraux de brigade. —
8ᵉ, 45ᵉ et 54ᵉ de ligne.

2ᵉ division.

Drouet (J.-B.), général de division;
Werlé (F.-J.); Van Marizy (F.), généraux de brigade. — 94ᵉ
et 95ᵉ de ligne; 2ᵉ hussards et 5ᵉ chasseurs.

DEUXIÈME CORPS.

(15,918 hommes.)

DE MARMONT (A.-F.-L.), général de division, conseiller d'État, colonel-général des chasseurs à cheval, *commandant en chef;*

DE VIGNOLLE (M.), général de division, *chef d'état-major général;*

TIRLET (L.), général de brigade, *commandant l'artillerie;*

D'ABOVILLE (A.-G.), colonel, *directeur du parc d'artillerie;*

SOMIS (J.-V.), colonel, *commandant le génie;*

AUBERNON (P.), *inspecteur aux revues.*

1re division.

BOUDET (J.), général de division;

DESSAIX (J.-M.); SOYEZ (L.-S.-X.); CASSAGNE (P.), généraux de brigade. — 18e léger, 11e et 35e de ligne.

2e division.

DE GROUCHY (E.), général de division;

LACROIX (F.-J.-P.); DELZONS (A.-J.), généraux de brigade. — 84e et 92e de ligne, 8e de ligne hollandais.

3e division.
(composée de troupes hollandaises).

DUMONCEAU (J.-B.); général de division;

VAN-HELDRING; VAN-HADEL, généraux de brigade. — 1er et 2e bataillons de chasseurs; 1er, 2e et 6e de ligne; régiment de Waldecht.

Division de cavalerie.

DE LA COSTE DU VIVIER (J.-L.-J.), général de division;

QUAITA (F.-M.-A.-B.), général de brigade (hollandais).—8e chasseurs et 6e hussards; dragons et hussards hollandais.

TROISIÈME CORPS.

(20,421 hommes.)

D'Avoust (L.-N.), maréchal de l'Empire, colonel-général des grenadiers à pied de la Garde impériale, *commandant en chef*;

D'Aultanne (J.-A.), général de brigade, *chef d'état-major général*;

Sorbier (J.), général de division, inspecteur général d'artillerie, *commandant l'artillerie*;

Jouffroy (J.-P.), colonel, *directeur du parc d'artillerie*;

Tousard (A.-E.), colonel, *commandant le génie*;

Laigle (C.-A.), *inspecteur aux revues.*

1re division.

De Caffarelli du Falga (M.-F.-A.), général de division, aide-de-camp de l'Empereur;

Démont (J.-L.); Debilly (J.-L.); Eppler (G.-H.), généraux de brigade. — 13e léger; 17e, 30e, 51e et 61e de ligne.

2e division.

Friant (L.), général de division;

Kister (G.); Lochet (P.-C.); Heudelet (E.); Grandeau (L.-J.), généraux de brigade. — 15e léger, 33e, 48e, 108e et 111e de ligne.

3e division.

Gudin (E.), général de division;

Petit (C.); Gautier (H.-N.), généraux de brigade. — 12°, 21e, 25e, 85e de ligne; 12e chasseurs à cheval.

Division de cavalerie.

Viallanes (J.-B.-T.), général de brigade, *commandant la division.* — 7e hussards; 1er et 2e chasseurs.

QUATRIÈME CORPS.

(26,231 hommes.)

SOULT (J. de D.), maréchal de l'Empire, colonel-général des chasseurs à pied de la Garde impériale, *commandant en chef*;

SALLIGNY (C.), général de division, *chef d'état-major général*;

DE LARIBOISIÈRE (J.-A.), général de brigade, *commandant l'artillerie*;

DE POITEVIN DE MAUREILLAN (J.-E.-C.), colonel, *commandant le génie*;

LAMBERT (J.-F.), *inspecteur aux revues*.

1re division.

DE SAINT-HILAIRE (L.-V.-J.), général de division;

MORAND (C.-A.-L.-A.); THIÉBAULT (P.-C.-F.-A.-H.-D.); VARÉ (L.-P.), généraux de brigade.—10e léger; 14e, 36e, 43e et 55e de ligne.

2e division.

VANDAMME (D.-J.-R.), général de division;

SCHINER (F.-J.-I.-M.); FEREY (C.-F.); DE CANDRAS (J.-L.-S.), généraux de brigade.—24e léger; 4e, 28e, 46e et 57e de ligne.

3e division.

LE GRAND (C.-J.-A.), général de division;

MERLE (P.-H.-V.); LEVASSEUR (V.); FÉRY (J.-B.-M.), généraux de brigade. — 26e léger; tirailleurs du Pô; tirailleurs corses; 3e, 18e et 75e de ligne.

Division de cavalerie.

MARGARON (P.), général de brigade, *commandant la division*. — 8e hussards; 11e et 26e chasseurs.

CINQUIÈME CORPS.

(17,084 hommes.)

LANNES (J.), maréchal de l'Empire, *commandant en chef*;

COMPANS (J.-D.), général de brigade, *chef d'état-major général*;

DE FOUCHER DE CAREIL (L.-F.), général de brigade, *commandant l'artillerie*;

KIRGENER (F.-J.), colonel, *commandant le génie*;

CAIRE (C.-H.-J.-F.-M.), sous-inspecteur aux revues, *faisant fonctions d'inspecteur*.

1re division.

(Grenadiers d'élite.)

OUDINOT (N.-C.), général de division;

DE MORTIÈRES (C.-J.); DUPAS (P.-L.); RUFFIN (F.); généraux de brigade. — Bataillons d'élite des 9e et 13e, 58e et 81e de ligne; des 2e et 3e, des 28e et 31e, 12e et 15e légers.

2e division.

GAZAN (H.-T.-M.), général de division;

GRAINDORGE (J.-F.); CAMPANA (F.-F.), généraux de brigade. — 4e léger, 100e, 103e et 58e de ligne.

3e division.

SUCHET (L.-G.), général de division;

BEKER (N.-L.); VALHUBERT (J.-N.-M.); CLAPARÈDE (M.-M.), généraux de brigade.—17e léger; 34e, 40e, 64e et 88e de ligne.

Division de cavalerie.

LA SALLE (A.-C.-L.), général de brigade, *commandant la division*;

TREILLARD (A.-F.-C.), général de brigade. — 9e et 10e hussards; 13e et 21e chasseurs.

SIXIÈME CORPS.

(16,822 hommes.)

Ney (M.), maréchal de l'Empire, *commandant en chef*;

Du Taillis (A.-J.-B.-A.-R.), général de brigade, *chef d'état-major général*;

Von der Weid (F.-P.-F.), général de brigade, *à la suite de l'état-major général*;

De Seroux (J.-N.), général de brigade, inspecteur général d'artillerie, *commandant l'artillerie*;

Ruty (C.-E.-F.), colonel, *directeur du parc d'artillerie*;

Cazals (L.-J.-E.), colonel, *commandant le génie*;

Barte de Sainte-Fare (J.-B.-J.), sous-inspecteur aux revues, *faisant fonctions d'inspecteur*.

1re division.

Dupont de L'Étang (P.) général de division;

Rouyer (M.-F.); Marchand (J.-G.), généraux de brigade.— 9e léger; 32e et 96e de ligne.

2e division.

Loison (L.-H.), général de division, gouverneur du Palais de Saint-Cloud;

Villatte (E.-C.); Roguet (F.), généraux de brigade.—6e léger; 39e, 69e et 76e de ligne.

3e division.

Malher (J.-P.-F.), général de division;

De Marcognet (B.-L.); La Bassée (M.), généraux de brigade. — 25e léger; 27e, 50e et 59e de ligne; détachement des 9e, 32e et 96e de ligne.

Division de cavalerie.

De Tilly (J.-L.-F.), général de division;

Duprès (C.-F.), général de brigade.—1er et 3e hussards; 10e chasseurs.

SEPTIÈME CORPS.

(12,057 hommes.)

Augereau (C.-P.-F.), maréchal de l'Empire, *commandant en chef*;

Donzelot (F.-X.), général de brigade, *chef d'état-major général*;

Dorsner (J.-P.-R.), général de division, *commandant l'artillerie*;

D'Herville (J.-B.-M.), colonel, *directeur du parc d'artillerie*;

De La Gastine (C.-F.), colonel, *commandant le génie*;

Garreau (P.-A.), sous-inspecteur aux revues, *faisant fonctions d'inspecteur*.

1re division.

Desjardins (J. Jardin, *dit*), général de division ;

De Lapisse (F.); Lamarque (Max.); Augereau (J.-P.), généraux de brigade. — 16e léger; 44e et 105e de ligne; détachement du 7e hussards.

2e division.

Mathieu de la redorte (Maurice), général de division ;

Sarrut (J.-T.); Sarrazin (J.), généraux de brigade. —7e léger 24e et 63e de ligne; 7e chasseurs.

RÉSERVE DE CAVALERIE.

(16,288 hommes.)

S. A. S. le Prince JOACHIM MURAT, grand-amiral de France, maréchal de l'Empire, sénateur, lieutenant de l'Empereur, *commandant en chef*;

BELLIARD (A.-D.), général de division, *chef d'état-major général*;

MOSSEL (J.-L.-O.), général de brigade, *commandant l'artillerie*;

FLAYELLE (L.-F.-J.), colonel, *commandant le génie*;

BOINOD (J.-B.-M.), *inspecteur aux revues*.

1re division de grosse cavalerie.

DE NANSOUTY (E.-A.-M.), général de division;

PISTON (J.); DE LA HOUSSAYE (A.); DE SAINT-GERMAIN (A.-L.), généraux de brigade. — 1er et 2e carabiniers; 2e, 3e, 9e et 12e cuirassiers.

2e division de grosse cavalerie.

D'HAUTPOUL (J.-A.), général de division, sénateur;

DE SAINT-SULPICE (R.-G.), général de brigade. — 1er, 5e, 10e et 11e cuirassiers.

1re division de dragons.

KLEIN (D.-L.-A.), général de division;

FORNIER-FÉNÉROLS (J.-M.-E.); FAUCONNET (J.-L.-F.); MILET (J.-L.-F.), généraux de brigade. — 1er, 2e, 20e, 4e, 14e et 26e dragons.

2e division de dragons.

WALTHER (F.-H.), général de division;

SÉBASTIANI (H.-F.); ROGET DE BELLOGUET (M.-D.); BOUSSARD (A.-J.), généraux de brigade. — 3e, 6e, 10e, 11e, 13e et 22e dragons;

3ᵉ division de dragons.

De Beaumont (M.-A.), général de division ;
Boyer (P.-F.-X.) ; Scalfort (N.-J. Schelfaudt *dit*), généraux
de brigade. — 5ᵉ, 8ᵉ, 9ᵉ, 12ᵉ, 16ᵉ et 21ᵉ dragons.

4ᵉ division de dragons.

Bourcier (F.-A.-L.), général de division ;
Laplanche (J.-B.-A.) ; Sahuc (L.-M.-A.) ; De Verdière (J.-C.),
généraux de brigade. — 15ᵉ, 17ᵉ, 18ᵉ, 19ᵉ, 25ᵉ et 27ᵉ dragons.

Division de dragons à pied.

Baraguey d'Hilliers (L.), général de division, colonel-général
des dragons ;
Lesuire (J.-M.-F.) ; Brouard (E.), généraux de brigade.—4 régiments formés du 3ᵉ escadron des 1ᵉʳ, 2ᵉ, 3ᵉ, 4ᵉ, 5ᵉ, 6ᵉ, 8ᵉ, 9ᵉ,
10ᵉ, 11ᵉ, 12ᵉ, 13ᵉ, 14ᵉ, 15ᵉ, 16ᵉ, 17ᵉ, 18ᵉ, 19ᵉ, 20ᵉ, 21ᵉ, 22ᵉ, 25ᵉ,
26ᵉ et 27ᵉ dragons.

Brigade de cavalerie légère.

De Milhaud (E.-J.-B.) général de brigade.—22ᵉ et 16ᵉ chasseurs.

TROUPES ALLIÉES.

Les troupes alliées, qui n'ont pas combattu, se composaient :

Contingent bavarois (21,469 hommes). — Une division d'avant-garde et deux brigades mixtes, général DE WRÈDE et généraux-majors MINUCCI et SIBEIN; plus 6 corps d'infanterie et 1 de cavalerie employés dans les garnisons.

Contingent wurtembergois (5,660 hommes).—Une division de deux brigades aux ordres des généraux SEEGER et DE LILIENBERG et du colonel DE ROMAN.

Contingent badois (2,321 hommes). — Commandé par le général de division HARRANT.

Paris. — Imprimerie de J. DUMAINE, rue Christine, 2.

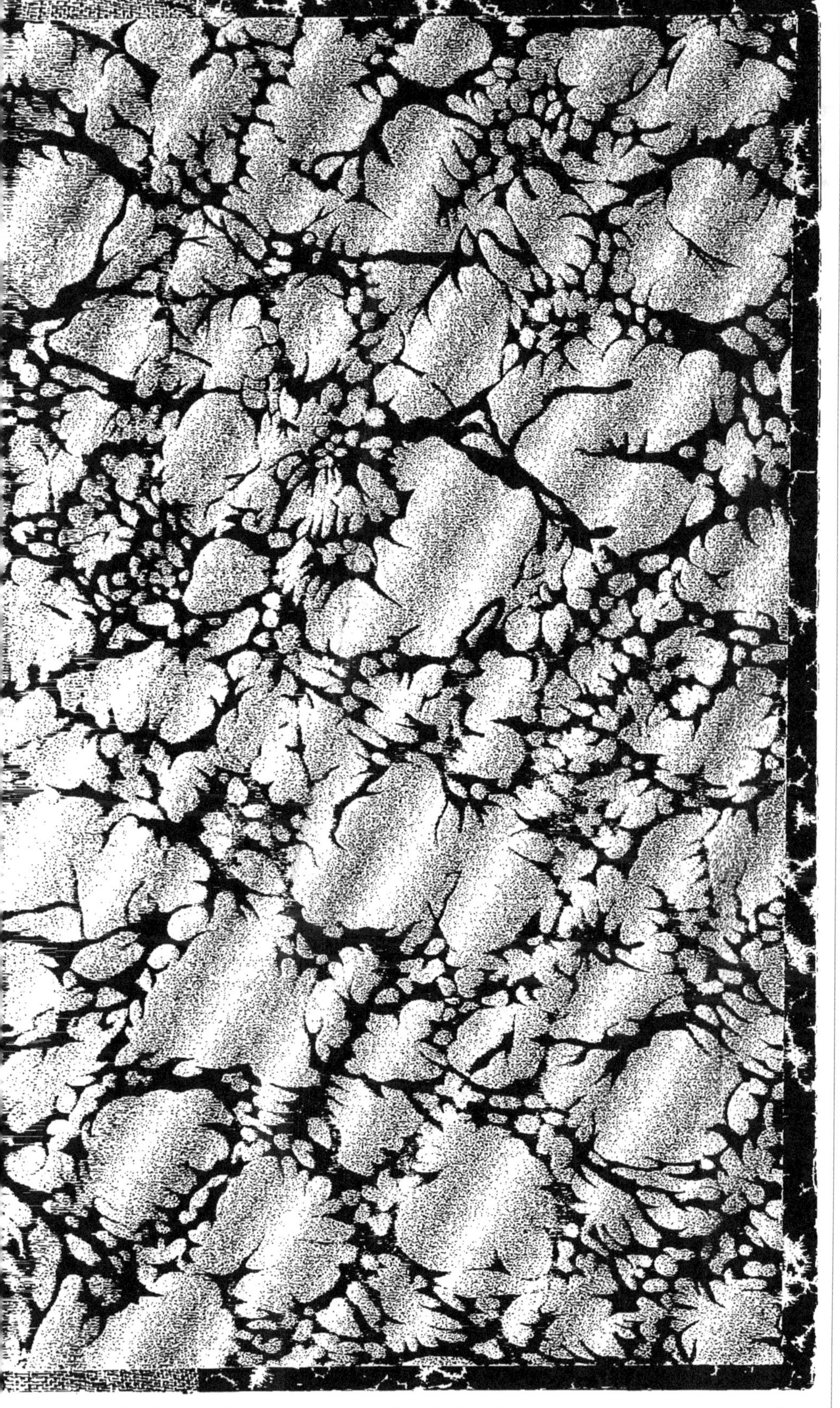

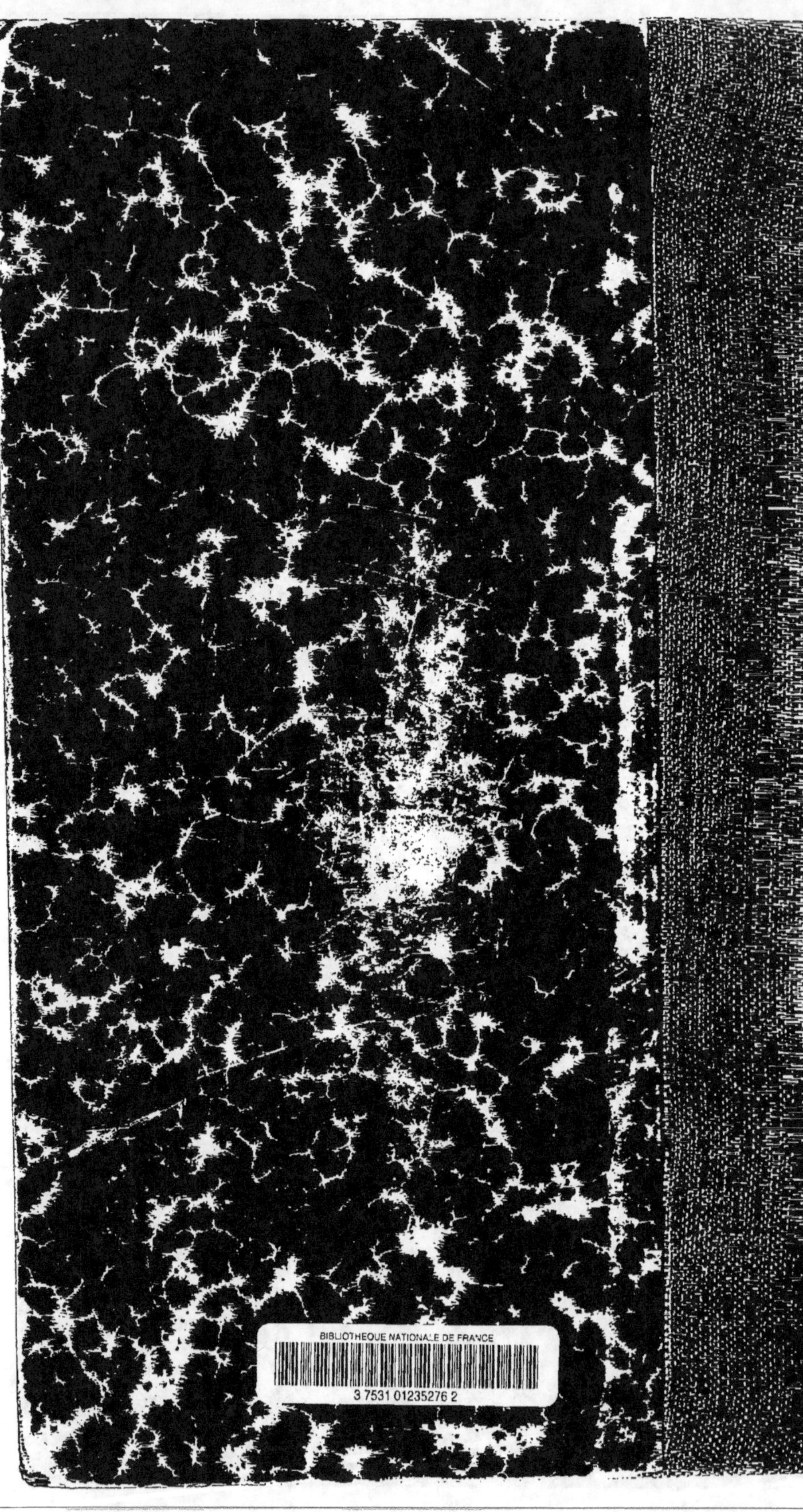
BIBLIOTHEQUE NATIONALE DE FRANCE
3 7531 01235276 2

www.ingramcontent.com/pod-product-compliance
Lightning Source LLC
LaVergne TN
LVHW050055060726
842524LV00003B/790